ÉLÉMENTS
DE
GRAMMAIRE FRANÇAISE

A L'USAGE DES ÉCOLES

TENUES PAR

LES FILLES-DE-LA-SAGESSE.

NEUVIÈME EDITION.

NANTES,
IMPRIMERIE DE VINCENT FOREST,
PLACE DU COMMERCE, 1.

1861.

AVERTISSEMENT.

Notre but, en composant cet ouvrage, n'a point été de donner à la jeunesse un nouveau traité théorique de langue française ; il existe assez de livres de ce genre, parmi lesquels il nous eût été facile de faire un choix pour nos élèves. Aussi n'avons-nous point eu la pensée de rien mettre de nouveau, ni pour le fond ni pour la forme, dans notre livre de préceptes sur la langue française ; nous avons simplement choisi, pour l'explication de chaque règle, ce qui nous a semblé le plus clair et le plus simple dans les grammaires autorisées pour l'usage des écoles.

Mais toute notre attention a été pour nos livres d'exercices.

Nous avons senti le besoin de donner à nos élèves un livre dans lequel elles trouvassent d'abord le moyen de s'exercer, pendant une année au moins, à appliquer les règles de la première partie de la grammaire. Ces premiers exercices sont les seuls vraiment utiles pour le plus grand nombre des enfants de nos classes, c'est pourquoi nous désirions qu'ils fussent plus étendus qu'on ne les trouve dans la plupart des autres livres du même genre, et, pour ces premiers exercices, comme pour ceux de la seconde partie, nous voulions surtout que les matières dont ils seraient composés fussent en même temps simples et instructives, tout à fait à la portée des jeunes intelligences, et toujours propres à leur donner quelques leçons de vertu ou quelques connaissances utiles, tout en leur gravant bien dans l'esprit les règles de la grammaire.

Enfin, nous avons réuni dans un même volume les différents genres d'exercices dont la plupart des auteurs forment plusieurs traités, parce qu'un grand nombre de nos élèves ne peuvent faire que peu de frais pour leurs livres classiques.

ÉLÉMENTS

DE

GRAMMAIRE FRANÇAISE.

PREMIÈRE PARTIE.

INTRODUCTION.

1. La grammaire est l'art d'exprimer correctement ses pensées de vive voix ou par écrit.

2. Pour exprimer ses pensées de vive voix ou par écrit, on se sert de mots. Les mots sont donc l'expression ou les signes des idées (1).

3. Pour représenter les mots écrits, on se sert de signes de convention, nommés lettres.

L'alphabet français contient 25 lettres, dont 6, savoir : *a*, *e*, *i*, *o*, *u* et *y* sont appelées voyelles, parce que seules, elles forment un son, une voix.

La voyelle *e* peut exprimer trois sons; de là, trois sortes d'*e* : l'*e* muet, comme dans *de*, *le*, *pomme* ; l'*é* fermé, comme dans *vérité;* l'*è* ouvert, comme dans *mère, tête*.

---

(1) Considérés comme expression de nos pensées par l'organe de la voix, les mots sont composés de sons simples comme *a*, *ou*, *on*, ou de sons articulés, comme *la*, *cou*, *bon*.

La même voyelle peut être longue ou brève :

a est long dans *plâtre* et bref dans *patte.*

i est long dans *gîte* et bref dans *petite.*

o est long dans *apôtre* et bref dans *marmotte.*

u est long dans *flûte* et bref dans *butte.*

Les 19 autres lettres, savoir : *b, c, d, f, g, h, j, k, l, m, n, p, q, r, s, t, v, x, z* sont appelées consonnes, parce qu'elles ne produisent un son, une voix qu'à l'aide des voyelles.

La consonne *h* est muette ou aspirée ; elle est muette, quand elle est nulle dans la prononciation, comme dans l'*honneur,* l'*homme;* elle est aspirée, quand elle fait prononcer avec aspiration la voyelle qui la suit : le *héros,* la *hardiesse.*

4. On appelle syllabe une ou plusieurs lettres représentant un son ; ainsi, dans *instruction*, il y a quatre syllabes ; *in-struc-ti-on.*

Une syllabe dans laquelle on distingue deux sons prend le nom de diphtongue ; par exemple : *oi, oin, ui*, etc.

Un mot qui n'a qu'une syllabe est appelé monosyllabe, et celui qui en a plusieurs s'appelle polysyllabe.

5. Il y a en français dix sortes de mots qu'on appelle les dix parties du discours, ce sont : le *nom,* l'*article,* l'*adjectif,* le *pronom,* le *verbe,* le *participe,* l'*adverbe,* la *préposition,* la *conjonction* et l'*interjection.*

On appelle mots *variables* ceux dont la terminaison varie ; ce sont : le *nom,* l'*article,* l'*adjectif,* le *pronom,* le *verbe* et le *participe.*

On appelle mots *invariables* ceux dont la terminaison ne varie jamais ; ce sont : l'*adverbe,* la *préposition,* la *conjonction* et l'*interjection.*

CHAPITRE PREMIER.

DU NOM.

6. Le *Nom* est un mot qui sert à désigner, à *nommer* une personne ou une chose quelconque ; on l'appelle aussi *substantif*. Quand je dis : *Dieu, ange, homme, cheval, arbre, jour, colère, espérance,* ce sont là autant de noms que je prononce.

7. Il y a deux sortes de noms : Le nom *commun* et le nom *propre*.

8. Le nom *commun* est celui qui convient à toutes les personnes ou à toutes les choses de la même espèce. Exemple : *maison, livre, brebis*. Ces noms sont des noms communs, puisque *maison* peut se dire de toutes les maisons ; *livre*, de tous les livres ; *brebis*, de toutes les brebis.

9. Le nom *propre* ou particulier est celui qui désigne particulièrement une personne ou une chose. Exemple : *Napoléon, Rome, la Loire*. Ces noms sont des noms propres, puisque *Napoléon* ne désigne qu'un seul homme ; *Rome*, qu'une seule ville ; *la Loire*, qu'un seul fleuve.

10. Les noms ont deux propriétés : le *genre* et le *nombre*.

Du genre des Noms.

11. Le genre est la propriété qu'ont les noms de représenter la distinction des sexes. Il y a deux genres : le masculin et le féminin.

12. Un nom est du genre masculin, quand il désigne un homme, par exemple : *un médecin, un paysan ;* et du féminin, quand il désigne une femme ; *une lingère, une servante*.

On a aussi donné le genre masculin et le genre féminin à des noms de choses inanimées. Ainsi *banc*, *discours* sont du masculin, et *maison*, *promesse* sont du féminin.

On reconnaît qu'un nom est du genre masculin quand on peut le faire précéder des mots *un*, *le* : UN *banc*, UN *discours*; LE *banc*, LE *discours*.

On reconnaît qu'un nom est du genre féminin quand on peut le faire précéder des mots *une*, *la* : UNE *maison*, UNE *promesse*; LA *maison*, LA *promesse*.

Du nombre des Noms.

13. Le nombre est la propriété qu'ont les noms de représenter l'unité ou la pluralité.

Il y a deux nombres : le *singulier* et le *pluriel*.

14. Un nom est au singulier, quand il désigne une seule personne ou une seule chose : *Un homme, un livre*. Il est au pluriel, quand il désigne plusieurs personnes ou plusieurs choses : *Des hommes*, *des livres*.

15. Certains noms, tels que *troupe*, *multitude*, quoique au singulier, désignent plusieurs personnes ou plusieurs choses. On les appelle pour cela *noms collectifs*.

16. Dans presque tous les noms, le pluriel diffère du singulier en ce qu'il prend *s* à la fin : *Le livre*, *les livres*; — *ton frère*, *tes frères* ; — *ma sœur*, *mes sœurs*.

17. Cette règle souffre pourtant bien des exceptions :

1° Les noms terminés, au singulier, par *s*, *x* ou *z*, ne changent point au pluriel : *Un héros*, *des héros* ; — *un mets*, *des mets* ; — *la voix*, *les voix* ; — *un nez*, *deux nez*.

2° Les noms terminés en *au* ou en *eu* prennent *x*, au lieu de *s*, au pluriel : *Un tableau*, *des tableaux*; — *un cheveu*, *des cheveux*.

3° Les noms en *ou* suivent généralement la règle commune du pluriel. Cependant *caillou*, *bijou*, *chou*, *genou*, *joujou*, *pou*, *hibou*, prennent *x* au lieu de *s*, au pluriel.

4° Parmi les noms en *al*, il n'y a guère que *bal, régal* et *carnaval* qui suivent la règle générale du pluriel; presque tous les autres font *aux*, et non pas *als*, au pluriel : *Un cheval, deux chevaux* (1).

5° Les noms qui finissent en *ail* suivent la règle générale, et font *ails* au pluriel, à l'exception de six qui font *aux : Travail, travaux* (2); *— soupirail, soupiraux; — bail, baux; — émail, émaux*; — *vitrail, vitraux; — corail, coraux.*

6° Les noms terminés en *ant* ou en *ent* conservent ou perdent indifféremment le *t* au pluriel, lorsqu'ils ont plusieurs syllabes; ainsi on peut écrire : *Enfants* ou *enfans*, *diamants* ou *diamans.* Mais dans les monosyllabes, la suppression du *t* n'a pas lieu, on écrit : *Dents, gants*, et non pas : *Dens, gans* (3).

CHAPITRE DEUXIÈME.

DE L'ARTICLE.

18. L'article est un petit mot que l'on met devant les noms communs, et qui en fait connaître le genre et le nombre.

Les mots, *le*, *la*, *les* sont des articles.

19. *Le* s'emploie devant les noms masculins singuliers. Ex. : LE *papier*.

(1) Les pluriels en *aux*, qui viennent d'un singulier en *al*, ne prennent point d'*e* muet avant la syllabe *aux ; un général, des généraux*, et non pas : *des généreaux.*

(2) *Travail* fait *travails* au pluriel, quand il s'agit des machines où l'on ferre les chevaux vicieux, ou quand on parle des comptes ou rapports présentés par un commis de bureau à un chef d'administration.

(3) Même dans les mots de plusieurs syllabes, il est mieux de conserver le *t*.

On met *la*, devant les noms féminins singuliers. Ex. : La *table.*

On emploie *les*, devant tous les noms pluriels : Les *livres*, les *plumes*, les *oiseaux.*

20. Devant les noms, masculins ou féminins, qui commencent par une voyelle ou une *h* muette, au lieu de *le* ou de *la*, on ne met que *l* avec apostrophe. Ce retranchement de *e* ou de *a* s'appelle *élision.* Ex. : L'*homme*, l'*oiseau*, au lieu de le *homme*, le *oiseau;* — l'*âme*, l'*histoire*, au lieu de la *âme*, la *histoire.*

21. Quand les articles *le* ou *les* sont précédés de *à*, au lieu de *à le*, on dit : *au*, et, au lieu de *à les*, on dit : *aux.* Ex. : Au *réveil*, pour a le *réveil.* — Aux *armes*, pour a les *armes.*

22. Quand ces mêmes articles *le* ou *les* sont précédés par *de*, au lieu de *de le*, on dit : *du*, et, au lieu de *de les*, on dit : *des.* Ex. : du *fromage*, pour de le *fromage.* — Des *plumes*, pour de les *plumes.*

23. On appelle articles simples les mots *le*, *la*, *les ;* et articles composés, les mots *au* et *aux*, *du* et *des.*

CHAPITRE TROISIÈME.

DE L'ADJECTIF.

24. On appelle *Adjectif* un mot qui s'ajoute à un nom, pour en exprimer la qualité, ou pour en déterminer la signification.

Du genre et du nombre des Adjectifs.

25. L'adjectif prend le genre et le nombre du nom auquel il se rapporte.

Formation du féminin dans les Adjectifs.

26. Pour mettre un adjectif au féminin, il suffit généralement d'ajouter un *e* muet au masculin : *Grand*, *grande; divin*, *divine.*

Mais cette règle souffre plusieurs exceptions :

1° Quand le masculin est terminé par un *e* muet, le féminin est semblable au masculin : *Sage, sage ; aimable, aimable.*

2° Tous les adjectifs terminés, au masculin, en *el, eil, ien, on,* doublent leur consonne finale avant de prendre l'*e* muet du féminin : *Actuel, actuelle ; vermeil, vermeille ; chrétien, chrétienne; bon*, *bonne.*

3° Les adjectifs en *et* doublent aussi leur consonne finale, avant de prendre l'*e* muet : *Net*, *nette.* Cependant *complet, concret, discret, inquiet, replet, secret* font *complète, concrète, discrète, inquiète*, *replète*, *secrète.*

4° Les adjectifs *bas*, *épais*, *exprès*, *gras*, *gros*, *las*, *profès* font, au féminin, *basse*, *épaisse*, *expresse*, *grasse*, *grosse*, *lasse*, *professe.* Les adjectifs *nul*, *sot*, *gentil*, *paysan*, *vieillot* font, au féminin, *nulle*, *sotte*, *gentille*, *paysanne*, *vieillotte.*

5° Les adjectifs terminés, au masculin, par *f* ou par *x* changent, au féminin, *f* en *ve* ou *x* en *se : Neuf*, *neuve; heureux*, *heureuse.*

Doux, *faux*, *préfix*, *roux* et *vieux* font *douce*, *fausse*, *préfixe*, *rousse* et *vieille.*

6° *Jumeau*, *beau*, *nouveau*, *fou*, *mou* font, au féminin, *jumelle*, *belle*, *nouvelle*, *folle*, *molle.* Les quatre derniers font aussi, au masculin, *bel*, *nouvel*, *fol*, *mol* devant une voyelle ou une *h* muette.

7° *Blanc*, *franc*, *sec*, *frais*, *public*, *caduc*, *turc*, *grec*, *long*, *bénin*, *malin*, *favori*, *tiers* font, au féminin, *blanche*, *franche*, *sèche*, *fraîche*, *publique*, *caduque*, *turque*, *grecque*, *longue*, *bénigne*, *maligne*, *favorite*, *tierce.*

8° *Aigu*, *ambigu*, *contigu*, *exigu* forment leur féminin par un *e* muet surmonté d'un tréma : *Aiguë*, *ambiguë.*

9° Les adjectifs en *eur* ont plusieurs terminaisons pour le féminin : 1° Les adjectifs en *eur* dans lesquels on peut changer *eur* en *ant* font *euse* au féminin. *Trompeur, trompeuse ; menteur, menteuse.* Cependant *inspecteur, inventeur, persécuteur, exécuteur* font *inspectrice*, *inventrice*, *persécutrice*, *exécutrice.* 2° Les adjectifs en *teur* dans lesquels la terminaison *eur* ne peut être changée en *ant* font *trice* au féminin : *Admirateur, approbateur, directeur, lecteur*, etc.; *admiratrice*, *approbatrice*, *directrice*, *lectrice*, etc. 3° Les adjectifs en *eur* qui expriment des professions, des états particulièrement exercés par des hommes, ne changent pas au féminin, tels sont : *Auteur, docteur, professeur.* 4° *Gouverneur* fait *gouvernante; serviteur* fait *servante; vengeur, pécheur* font *vengeresse*, *pécheresse ; ambassadeur* fait *ambassadrice.*

10° *Témoin* et *grognon* servent pour les deux genres. *Châtain*, *fat*, *dispos*, *aquilin* ne s'emploient pas au féminin.

Formation du pluriel dans les Adjectifs.

27. Le pluriel dans les adjectifs se forme, comme dans les noms, en ajoutant *s* à la fin : *Bon, bons ; grand, grands; bonne*, *bonnes*; *grande*, *grandes.*

Cette règle souffre plusieurs exceptions pour le masculin :

1° Tous les adjectifs terminés au singulier par *s* ou *x* ne changent point au pluriel, tels sont : *Gros, doux, heureux,* etc.

2° Les adjectifs en *eau : Beau, nouveau*, *jumeau* prennent *x* au pluriel masculin : *Beaux, nouveaux, jumeaux.*

3° La plupart des adjectifs en *al* font leur pluriel en *aux* : *Égal, égaux; spécial, spéciaux.*

L'usage fait suivre la règle générale à plusieurs autres de ces adjectifs peu usités au pluriel, tels sont : *Fatal, frugal, amical, naval, jovial, glacial,* etc. [1].

---

(1) L'Académie ne donne ce pluriel en *als* qu'au premier de ces adjectifs.

4° Dans les adjectifs en *ant* et en *ent*, l'usage autorise à supprimer le *t* au pluriel ; mais il est mieux de le conserver et d'écrire : *Des enfants diligents et obéissants*. Dans l'adjectif *lent* qui n'a qu'une syllabe, la suppression du *t* n'est point permise.

Des différentes sortes d'Adjectifs.

28. Il y a deux sortes d'adjectifs : Les adjectifs qualificatifs et les adjectifs déterminatifs.

29. Les adjectifs qualificatifs sont ceux que l'on ajoute aux noms, uniquement pour en exprimer les qualités. Ainsi dans : *Bon père*, *arbre vert*, *grande colère*, les mots *bon*, *vert*, *grande* sont des adjectifs qualificatifs, puisqu'ils expriment une qualité des noms *père*, *arbre*, *colère*.

30. Les adjectifs expriment les qualités, ou simplement, ou avec comparaison, ou en les élevant à un très-haut degré ; de là, trois degrés de signification : le positif, le comparatif et le superlatif.

Le positif est l'adjectif énonçant la qualité d'une manière simple, absolue : *Un bon vin.*

Le comparatif est l'adjectif énonçant la qualité avec comparaison et exprimant, à l'aide de certains adverbes, un rapport d'égalité, de supériorité ou d'infériorité : *Un vin* AUSSI *bon ; un vin* MEILLEUR (pour *plus bon* qui ne se dit pas) ; *un vin* MOINS BON. *Pire* est aussi un comparatif d'infériorité, il se dit pour *plus mauvais* : *L'état de ce malade est* PIRE *depuis hier ;* il en est de même de *moindre* qui se dit pour *plus petit : Les fruits de mon poirier sont* MOINDRES *que ceux du vôtre.*

Le superlatif est l'adjectif énonçant la qualité à son plus haut degré de supériorité ou d'infériorité.

Il y a deux sortes de superlatifs : le superlatif absolu, marqué par les adverbes *très*, *fort* et aussi par *le* invariable avant *plus*, *moins*, etc. : *Ce jardin est* TRÈS-BEAU. *Les discours de cet orateur sont* FORT BEAUX, *lors même qu'ils sont* LE MOINS ÉTUDIÉS.

Le superlatif relatif, marqué par *plus*, *mieux*, *moins*, etc., précédés de l'article ou d'un adjectif possessif : *Les terres* LES MIEUX CULTIVÉES. *Les devoirs* LES MOINS NÉGLIGÉS. MES PLUS BELLES *fleurs*.

Des adjectifs déterminatifs.

31. Les adjectifs déterminatifs s'ajoutent aux noms pour en déterminer la signification. Ces adjectifs se divisent en quatre sortes : les adjectifs démonstratifs, les adjectifs possessifs, les adjectifs numéraux et les adjectifs indéfinis.

Des adjectifs démonstratifs.

32. Les adjectifs démonstratifs servent à montrer, à indiquer les noms qu'ils déterminent. Ces adjectifs sont : *Ce*, *cet*, *cette*, *ces*.

1° *Ce* s'emploie devant les noms masculins singuliers qui commencent par une consonne ou par une *h* aspirée : CE *livre*, CE *héros*.

2° *Cet* se met devant les noms masculins singuliers qui commencent par une voyelle ou par une *h* muette : CET *ouvrier*, CET *homme*.

3° *Cette* se met devant tous les noms féminins singuliers quelle que soit la lettre par laquelle ils commencent : CETTE *feuille*, CETTE *encre*, CETTE *histoire*, CETTE *haine*.

4° *Ces* s'emploie devant tous les noms pluriels, qu'ils soient masculins ou féminins : CES *bancs*, CES *tables*, CES *arbres*, CES *oranges*.

Des Adjectifs possessifs.

33. On appelle adjectifs possessifs ceux qui indiquent une idée de possession. Ex. : *Donnez à Dieu* VOTRE *cœur*, c'est-à-dire, *le cœur qui vous appartient*.

34. Ces adjectifs sont :

1° *Mon, ton, son* : Ils se mettent devant les noms singuliers masculins : MON *père*, TON *oncle*, SON *cousin*, et aussi devant les noms singuliers féminins qui commencent par une voyelle ou par une *h* muette : MON *âme*, SON *heure*.

2° *Ma, ta, sa :* On les emploie devant les noms singuliers féminins qui commencent par une consonne ou par une *h* aspirée : MA *tête*, TA *bouche*, SA *hanche*.

3° *Notre, votre, leur* : On les place devant les noms singuliers masculins ou féminins, sans distinction : NOTRE *classe*, VOTRE *ouvrage*, LEUR *humeur*.

4° *Mes*, *tes*, *ses* (1), *nos, vos*, *leur :* Ils se mettent devant tous les noms pluriels, sans distinction de genre : MES *livres*, SES *plumes*, NOS *parents*, LEURS *habits*.

Des Adjectifs numéraux.

35. Les adjectifs numéraux indiquent le nombre ou le rang des noms qu'ils déterminent.

36. Il y a deux sortes d'adjectifs numéraux :

1° Les adjectifs numéraux cardinaux marquent le nombre, tels sont : *Un*, *deux*, *trois*, *quatre*, *cinq*, *six*, *sept*, *huit*, *neuf*, *dix*, *vingt*, *cent*, *mille*, etc.

2° Les adjectifs numéraux ordinaux marquent l'ordre, le rang, tels sont : *Premier*, *second*, *troisième*, etc.

Des Adjectifs indéfinis.

37. On appelle indéfinis les adjectifs qui ne déterminent que d'une manière générale la signification du nom. Quand je dis, par ex. : CHAQUE *fois*, PLUSIEURS *savants*, *un livre*

---

(1) Pour juger si l'on doit écrire *ces* (adjectif démonstratif) ou *ses* (adjectif possessif), il faut se demander si, supposé que le nom suivant fût au singulier, on écrirait *ce*, *cet*, *cette*, et, dans ce cas, il faut *ces ;* ou bien si l'on écrirait *son*, *sa*, et, dans ce cas, on met *ses*.

QUELCONQUE, je ne détermine pas quelle fois, combien de savants, quel livre.

38. Les adjectifs indéfinis les plus ordinaires sont : *Chaque, nul, aucun, même, tout, plusieurs, tel, quelque, quelconque, autre, certain, maint, quel.*

CHAPITRE QUATRIÈME.

DU PRONOM.

39. Le pronom est un mot que l'on emploie pour tenir la place d'un nom. Par ex., au lieu de dire : *Aimons* DIEU ; *servons* DIEU ; *car, si* DIEU *a tout fait pour nous,* DIEU *nous a faites nous-mêmes pour* DIEU, on dira : *Aimons Dieu, servons*-LE ; *car, s'*IL *a tout fait pour nous,* IL *nous a faites nous-mêmes pour* LUI. Dans cette dernière phrase, *le, il, lui,* sont des pronoms qui tiennent ici la place du nom *Dieu.*

40. Il y a cinq sortes de pronoms : les pronoms personnels, les pronoms démonstratifs, les pronoms possessifs, les pronoms relatifs et les pronoms indéfinis.

Des Pronoms personnels.

41. Les pronoms personnels sont ceux qui représentent plus particulièrement les personnes.

On distingue trois personnes : la première, celle qui parle ; la seconde, celle à qui l'on parle ; la troisième, celle de qui l'on parle.

42. Les pronoms de la 1re personne sont : *Je, me, moi*, pour le singulier ; *nous*, pour le pluriel. Ils servent tous pour le masculin et pour le féminin.

Les pronoms de la 2ᵉ personne sont : *Tu, te, toi*, pour le singulier ; *vous*, pour le pluriel. Ils servent aussi tous pour les deux genres.

Les pronoms de la 3ᵉ personne sont :

Pour le masculin	singulier : *Il*, *le* (¹). pluriel : *Ils*, *eux*.
Pour le féminin	singulier : *Elle*, *la*. pluriel : *Elles*.
pour les 2 genres	au singulier : *Lui*, *soi*. au pluriel : *Les*, *leur*. aux 2 nombres : *Se*.

Des pronoms démonstratifs.

43. On appelle démonstratifs les pronoms qui tiennent la place du nom, en y ajoutant une idée d'indication, de démonstration. Ex. : *Vous avez deux plumes, prêtez-moi* CELLE-CI ; c'est-à-dire, *la plume que j'indique.*

44. Ces pronoms sont :

Au masculin		Au féminin	
singulier :	pluriel :	singulier :	pluriel :
Celui,	*ceux*,	*celle*,	*celles*,
Celui-ci,	*ceux-ci*,	*celle-ci*,	*celles-ci*,
Celui-là,	*ceux-là*,	*celle-là*,	*celles-là*.

Ce, *ceci*, *cela*, servent pour les deux genres.

Des Pronoms possessifs.

45. On appelle pronoms possessifs ceux qui tiennent la place du nom, en y ajoutant l'idée de possession. Ex. : *Votre*

(1) Remarquez que les mots *le*, *la*, *les* sont quelquefois articles, et quelquefois pronoms personnels. Ainsi dans cette phrase : LE *remords du pécheur* LE *suit partout;* le premier *le* est article, et le second est pronom. *Le, la, les*, articles, précèdent toujours un nom, tandis que *le*, *la*, *les*, pronoms, en tiennent la place, et sont toujours placés avant ou après un verbe.

livre est beau, mais je préfère LE MIEN, c'est-à-dire, *mon livre, le livre qui m'appartient.*

46. Ces pronoms sont :

Au masculin		Au féminin	
singulier :	pluriel :	singulier :	pluriel :
Le mien,	*les miens,*	*la mienne,*	*les miennes,*
Le tien,	*les tiens,*	*la tienne,*	*les tiennes,*
Le sien,	*les siens,*	*la sienne,*	*les siennes,*
Le nôtre,	*les nôtres,*	*la nôtre,*	*les nôtres,*
Le vôtre,	*les vôtres,*	*la vôtre,*	*les vôtres,*
Le leur,	*les leurs,*	*la leur,*	*les leurs.*

Des Pronoms relatifs.

47. On nomme relatifs certains pronoms qui ont une relation particulière avec un nom ou un pronom qui est placé avant eux, et qu'on nomme leur *antécédent.* Ainsi, dans cette phrase : *La chose* DONT *vous me parlez*, DONT se rapporte à *chose*, et en tient la place. Il en est de même de *que* par rapport à *biens,* dans : *Les biens* QUE *Dieu promet.*

48. Les principaux pronoms relatifs sont: *Qui, que, quoi, dont, lequel, lesquels, laquelle, lesquelles, en, y* (1).

Des Pronoms indéfinis.

49. On appelle pronoms indéfinis ceux qui ne désignent que d'une manière vague les personnes et les choses dont ils remplacent les noms. Quand je dis : ON *rapporte que...*

---

(1) *En* n'est pronom que lorsqu'il rappelle l'idée d'un nom exprimé ou sous-entendu, en sorte qu'il pourrait être remplacé par *de lui, d'elle, de ceci, de cela : Vous avez trop de pain, laissez-*EN. Ce même mot est préposition, quand on peut le remplacer par *dans* : *Il est* EN (*dans la*) *peine.*

Y, quand il est pronom, signifie *à lui, à elle, à ceci, à cela : Je vous confie cette affaire, faites-*Y *attention* (*à elle*). Ce mot est adverbe, quand il signifie *dans ce lieu. Je pars pour Paris, j'*Y *resterai huit jours.*

QUICONQUE *veut*...; je ne désigne que vaguement la personne qui rapporte, qui veut.

50. Les pronoms indéfinis les plus ordinaires sont : *On, quiconque, autrui, l'un, l'autre, personne, chacun, rien, tel, tout, nul, plusieurs, autre, aucun* (1), *qui, que, quoi* (2).

CHAPITRE CINQUIÈME.

DU VERBE.

51 Le verbe est un mot qui affirme l'existence, l'état ou l'action d'une personne ou d'une chose.

Quand le verbe affirme simplement l'existence d'une personne ou d'une chose, on le nomme verbe *substantif;* quand il affirme de plus l'état ou l'action de cette personne ou de cette chose, on le nomme verbe *adjectif.*

52. Il n'y a de verbe *substantif* que le verbe *être* employé seul. Tous les autres verbes sont *adjectifs*, et on les appelle ainsi, parce que, à l'idée du verbe *être*, ils ajoutent l'idée d'un adjectif. En effet, si je dis : *Vous lisez*, *l'arbre tombe*,

(1) Remarquez que plusieurs de ces pronoms sont quelquefois adjectifs indéfinis. Ils sont pronoms lorsqu'ils tiennent la place d'un nom, et adjectifs lorsqu'ils accompagnent et déterminent un nom. Ainsi dans : TELLE *vie*, TELLE *mort*, TELLE est adjectif indéfini, et dans : TEL *est aujourd'hui pour vous qui sera demain contre vous*, TEL est pronom indéfini.

De même dans : NULLE *puissance n'est comparable à celle de Dieu*, NULLE est adjectif indéfini, et dans : NUL *ne sait s'il est digne d'amour ou de haine*, NUL est pronom indéfini.

(2) *Qui, que, quoi* ne sont pronoms indéfinis que lorsqu'ils sont employés sans antécédent. Ainsi dans : QUI *demandez-vous ?* QUI est pronom indéfini. Autrement, ils sont pronoms relatifs : *Respectez celui* QUI *gouverne.*

je n'exprime pas seulement que *vous êtes*, mais que *vous êtes* LISANT ; que l'*arbre est*, mais qu'il *est* TOMBANT.

53. La personne ou la chose dont le verbe exprime l'être ou l'action, s'appelle le *sujet* de ce verbe.

On reconnaît le sujet, en faisant la question *qui est-ce qui?* pour les personnes, et *qu'est-ce qui?* pour les choses. Ainsi dans : *Vous lisez*, *l'arbre tombe*, on dira : *Qui est-ce qui lit? vous. Qu'est-ce qui tombe? l'arbre. Vous, l'arbre* sont donc les sujets des verbes *lisez*, *tombe.*

54. La personne ou la chose sur laquelle tombe l'action exprimée par le verbe, et qui, par conséquent, achève et *complète* le sens du verbe, s'appelle le *complément* de ce verbe. Si je dis : *Nous aimons, aimons* n'a qu'un sens incomplet, puisqu'il n'exprime pas sur qui tombe notre amour ; mais si j'ajoute : *Dieu*, ce mot détermine et complète la signification du verbe *aimons;* il en est donc le complément.

55. Il y a deux sortes de compléments : le complément *direct* et le complément *indirect.*

Le complément direct complète la signification d'un verbe sans le secours d'aucun autre mot ; le complément indirect la complète à l'aide d'une préposition.

Le complément direct répond à la question *qui* ? pour les personnes, *quoi ?* pour les choses. Le complément indirect répond à l'une des questions *à qui* ou *à quoi ? de qui* ou *de quoi?* etc. Ainsi dans cette phrase : *Offrez à Dieu une âme pure et il la remplira de biens*, on dira :

Offrez... quoi ? une âme pure, complément direct.
Offrez... à qui? à Dieu, complément indirect.
Il remplira... quoi? la (*votre âme*), complément direct.
Il remplira... de quoi ? de biens, complément indirect.

Des différentes sortes de Verbes adjectifs.

56. On distingue cinq sortes de verbes adjectifs : Le verbe

actif, le verbe passif, le verbe neutre, le verbe pronominal et le verbe impersonnel.

57. Le verbe est actif, quand l'action qu'il exprime est faite par son sujet, et que, de plus, on peut ajouter après ce verbe : *quelqu'un* ou *quelque chose*. Par exemple : *Marie écrit.* L'action de *écrire* est faite par le sujet *Marie;* de plus, après *écrit,* on peut ajouter *quelque chose;* par exemple : *Marie* ÉCRIT *une lettre.* Le verbe ÉCRIRE est donc un verbe actif.

58. Le verbe est passif, quand l'action qu'il exprime au lieu d'être faite par le sujet de ce verbe, est reçue par ce même sujet : *Cette lettre* A ÉTÉ ÉCRITE *par Marie.* Ici l'action de *a été écrite* est reçue par *cette lettre,* sujet du verbe. A ÉTÉ ÉCRITE est donc un verbe passif (1).

59. Le verbe neutre exprime souvent, comme le verbe actif, une action faite par son sujet ; mais il diffère du verbe actif, en ce que l'on ne peut pas mettre après lui : *quelqu'un* ou *quelque chose : Je* TOMBE, *je* PARS.

60. Le verbe pronominal est celui qui se conjugue, soit avec un nom et un pronom de la même personne, soit avec deux pronoms aussi de la même personne : *Jean* SE SOUVIENT, *je* ME REPENS.

Il y a des verbes qui sont *essentiellement* pronominaux, c'est-à-dire qui ne se conjuguent jamais qu'avec un nom et un pronom, ou avec deux pronoms de la même personne, tels que SE REPENTIR, SE SOUVENIR.

Il y en a d'autres, tels que *je me flatte, elle se nuit,* qui ne sont qu'*accidentellement* pronominaux ; car *flatter* peut être employé comme verbe actif : *Il* FLATTE *nos passions,* et *nuire* comme verbe neutre : *La chaleur* NUIT *au vin.*

---

(1) Quelques grammairiens n'admettent pas les verbes passifs, et, pour cette raison, séparent dans l'analyse de ces sortes de verbes, le verbe être et le participe passé.

61. Enfin, on appelle *impersonnels* certains verbes qui ne s'emploient qu'à la troisième personne du singulier précédée du pronom *il*.

Les uns sont *essentiellement* impersonnels, c'est-à-dire qu'ils ne s'emploient jamais que sous cette forme : ***Il* FAUT**, *il* PLEUVAIT. D'autres ne sont qu'*accidentellement* impersonnels, par exemple : *Il se* PASSE *d'étranges choses.*

62. Les verbes *avoir* et *être* sont appelés *auxiliaires* parce qu'ils aident à conjuguer les autres verbes.

DES DIFFÉRENTES MODIFICATIONS DU VERBE.

Des Modes.

63. Le mot mode signifie manière.

Un verbe a cinq modes, c'est-à-dire cinq manières d'exprimer l'état ou l'action de son sujet. Ces modes sont : L'*infinitif*, l'*indicatif*, le *conditionnel*, l'*impératif* et le *subjonctif*.

1° A l'infinitif, le verbe exprime l'action ou l'état d'une manière vague, sans désigner ni temps, ni nombre, ni personne : LIRE.

2° A l'indicatif, il affirme l'action ou l'état d'une manière absolue : *Je* LIS, *tu* LISAIS, *il* LIRA.

3° Au conditionnel, il n'affirme que d'une manière conditionnelle : *Tu* LIRAIS, *si tu l'avais appris.*

4° A l'impératif, il présente l'action ou l'état sous la forme de commandement ou de prière : LIS.

5° Au subjonctif, il présente l'action ou l'état d'une manière subordonnée et dépendante : *Vous désirez que je* LISE.

De ces cinq modes, l'infinitif seul ne désigne aucune personne; et, pour cette raison, il se nomme mode *impersonnel*. Les quatre autres modes sont appelés modes *personnels*.

64. Dans le mode infinitif se trouve le *participe*, ainsi appelé parce qu'il participe du verbe et de l'adjectif; du verbe, en ce qu'il exprime l'action d'un verbe et peut avoir un complément direct : *Des hommes* AIMANT *la paix;* de l'adjectif, en ce qu'il qualifie une personne ou une chose : *Des études bien* DIRIGÉES.

Il y a deux sortes de participes. Le participe présent et le participe passé.

Le participe présent exprime une action présente et est toujours terminé par *ant* : *La lune* ÉCLAIRANT *la terre en chasse les ténèbres.*

Le participe passé exprime une action passée et a plusieurs terminaisons : *Un jour* PASSÉ, *les années* PASSÉES.

Des Temps.

65. Les verbes ont, à chacun de leurs cinq modes, un ou plusieurs *temps*, c'est-à-dire une ou plusieurs terminaisons différentes, suivant qu'ils expriment une action présente, passée ou future.

Le *présent* exprime que l'action se fait au moment où l'on parle : *Je chante*, *tu couds*, etc.; il n'y a qu'un temps pour exprimer le présent.

66. Le passé exprime que l'action s'est faite avant le moment où l'on parle ; il y a jusqu'à cinq passés différents.

Les cinq temps passés, lesquels ne se trouvent tous qu'au mode indicatif, sont : le *passé indéterminé*, le *passé déterminé*, le *passé antérieur*, l'*imparfait* et le *plus-que-parfait*.

1° Le passé indéterminé exprime une action faite dans un temps passé qu'on ne désigne pas : J'AI VU *l'impie adoré sur la terre*, ou dans un temps passé désigné, mais qui n'est pas entièrement écoulé : J'AI REÇU, *cette semaine*, *une lettre de ma sœur.*

2° Le passé déterminé exprime une action faite dans une période de temps complétement écoulée : JE REÇUS *hier une lettre de ma sœur.*

3° Le passé antérieur exprime une action qui a eu lieu avant une autre action également passée, et c'est pourquoi on le nomme antérieur : *Dès que* J'EUS FINI, *elle commença.*

4° L'imparfait exprime qu'une action se faisait en même temps qu'une autre, mais dans un temps passé : *Nous* PARTIONS, *comme vous reveniez.*

5° Le plus-que-parfait exprime, comme le passé antérieur, une action faite avant une autre, mais avec cette différence, que le passé antérieur s'emploie quand il s'agit de deux actions qui ont eu lieu l'une après l'autre sans interruption, et que le plus-que-parfait sert, ordinairement, à exprimer qu'une action était déjà faite, depuis plus ou moins de temps, quand on en a fait une autre : J'AVAIS FINI *mon devoir, quand la maîtresse est arrivée.*

67. Le futur exprime que l'action se fera après le moment où l'on parle. On distingue deux futurs : le futur simple et le futur antérieur.

1° Le futur simple exprime qu'une action se fera dans un temps où l'on n'est pas encore: *J'*IRAI *à la campagne.*

2° Le futur antérieur exprime qu'une action se trouvera faite, avant une époque à venir : *J'*AURAI TERMINÉ, *avant qu'il arrive.*

68. On divise les temps des verbes en temps *simples* et en temps *composés.* Les temps simples sont ceux qui n'empruntent rien aux auxiliaires *avoir* ou *être*, comme *j'aime, tu brodes.* Les temps composés sont ceux dans la composition desquels entre un temps des verbes auxiliaires, comme *j'*AI *aimé, je* SUIS *aimée.*

Conjugaison des Verbes.

69. Écrire ou réciter de suite toutes les modifications d'un verbe, d'après ses modes, ses temps, ses nombres et ses personnes, c'est ce qu'on appelle conjuguer ce verbe.

Conjugaison du verbe Avoir.

INFINITIF

PRÉSENT.

Avoir.

PASSÉ.

Avoir eu.

PARTICIPE

PRÉSENT.

Ayant.

PASSÉ.

Ayant eu.

INDICATIF

PRÉSENT.

J'ai.
Tu as.
Il *ou* elle a.
Nous avons.
Vous avez.
Ils *ou* elles ont.

PASSÉ INDÉTERMINÉ.

J'ai eu.
Tu as eu.
Il *ou* elle a eu.
Nous avons eu.
Vous avez eu.
Ils *ou* elles ont eu.

PASSÉ DÉTERMINÉ.

J'eus.
Tu eus.
Il *ou* elle eut.
Nous eûmes.
Vous eûtes.
Ils *ou* elles eurent.

PASSÉ ANTÉRIEUR.

J'eus eu.
Tu eus eu.
Il *ou* elle eut eu.
Nous eûmes eu.
Vous eûtes eu.
Ils *ou* elles eurent eu.

IMPARFAIT.

J'avais.
Tu avais.
Il *ou* elle avait.
Nous avions.
Vous aviez.
Ils *ou* elles avaient.

PLUS-QUE-PARFAIT.

J'avais eu.
Tu avais eu.
Il *ou* elle avait eu.

Nous avions eu.
Vous aviez eu.
Ils *ou* elles avaient eu.

FUTUR SIMPLE.

J'aurai.
Tu auras.
Il *ou* elle aura.
Nous aurons.
Vous aurez.
Ils *ou* elles auront.

FUTUR ANTÉRIEUR.

J'aurai eu.
Tu auras eu.
Il *ou* elle aura eu.
Nous aurons eu.
Vous aurez eu.
Ils *ou* elles auront eu.

CONDITIONNEL

PRÉSENT.

J'aurais.
Tu aurais.
Il *ou* elle aurait.
Nous aurions.
Vous auriez.
Ils *ou* elles auraient.

PASSÉ (1).

J'aurais eu.
Tu aurais eu.
Il *ou* elle aurait eu.
Nous aurions eu.
Vous auriez eu.
Ils *ou* elles auraient eu.

IMPÉRATIF.

Aie.
Ayons.
Ayez.

SUBJONCTIF

PRÉSENT.

Que j'aie.
Que tu aies.
Qu'il *ou* qu'elle ait.
Que nous ayons.
Que vous ayez.
Qu'ils *ou* qu'elles aient.

PASSÉ.

Que j'aie eu.
Que tu aies eu.
Qu'il *ou* qu'elle ait eu.
Que nous ayons eu.
Que vous ayez eu.
Qu'ils *ou* qu'elles aient eu.

IMPARFAIT.

Que j'eusse.
Que tu eusses.
Qu'il *ou* qu'elle eût.
Que nous eussions.
Que vous eussiez.
Qu'ils *ou* qu'elles eussent.

(1) On dit aussi : J'eusse eu, tu eusses eu, il eût eu, nous eussions eu, vous eussiez eu, ils eussent eu.

PLUS-QUE-PARFAIT.

Que j'eusse eu.
Que tu eusses eu.
Qu'il *ou* qu'elle eût eu.
Que nous eussions eu.
Que vous eussiez eu.
Qu'ils *ou* qu'elles eussent eu.

Conjugaison du verbe ÊTRE.

INFINITIF

PRÉSENT.

Être.

PASSÉ.

Avoir été.

PARTICIPE

PRÉSENT.

Étant.

PASSÉ.

Ayant été.

INDICATIF

PRÉSENT.

Je suis.
Tu es.
Il *ou* elle est.
Nous sommes.
Vous êtes.
Ils *ou* elles sont.

PASSÉ INDÉTERMINÉ.

J'ai été.
Tu as été.
Il *ou* elle a été.
Nous avons été.
Vous avez été.
Ils *ou* elles ont été.

PASSÉ DÉTERMINÉ.

Je fus.
Tu fus.
Il *ou* elle fut.
Nous fûmes.
Vous fûtes.
Ils *ou* elles furent.

PASSÉ ANTÉRIEUR.

J'eus été.
Tu eus été.
Il *ou* elle eut été.
Nous eûmes été.
Vous eûtes été.
Ils *ou* elles eurent été.

IMPARFAIT.

J'étais.
Tu étais.
Il *ou* elle était.
Nous étions.
Vous étiez.
Ils *ou* elles étaient.

PLUS-QUE-PARFAIT.

J'avais été.
Tu avais été.
Il *ou* elle avait été.
Nous avions été.
Vous aviez été.
Ils *ou* elles avaient été.

FUTUR SIMPLE.

Je serai.
Tu seras.
Il *ou* elle sera.
Nous serons.
Vous serez.
Ils *ou* elles seront.

FUTUR ANTÉRIEUR.

J'aurai été.
Tu auras été.
Il *ou* elle aura été.
Nous aurons été.
Vous aurez été.
Ils *ou* elles auront été.

CONDITIONNEL

PRÉSENT.

Je serais.
Tu serais.
Il *ou* elle serait.
Nous serions.
Vous seriez.
Ils *ou* elles seraient.

PASSÉ (1).

J'aurais été.
Tu aurais été.
Il *ou* elle aurait été.
Nous aurions été.
Vous auriez été.
Ils *ou* elles auraient été.

IMPÉRATIF.

Sois.
Soyons.
Soyez.

SUBJONCTIF

PRÉSENT.

Que je sois.
Que tu sois.
Qu'il *ou* qu'elle soit.
Que nous soyons.
Que vous soyez.
Qu'ils *ou* qu'elles soient.

PASSÉ.

Que j'aie été.
Que tu aies été.
Qu'il *ou* qu'elle ait été.
Que nous ayons été.
Que vous ayez été.
Qu'ils *ou* qu'elles aient été.

(1) On dit aussi : J'eusse été, tu eusses été, il eût été, etc.

IMPARFAIT.	PLUS-QUE-PARFAIT.
Que je fusse.	Que j'eusse été.
Que tu fusses.	Que tu eusses été.
Qu'il *ou* qu'elle fût.	Qu'il *ou* qu'elle eût été.
Que nous fussions.	Que nous eussions été.
Que vous fussiez.	Que vous eussiez été.
Qu'ils *ou* qu'elles fussent.	Qu'ils *ou* qu'elles eussent été.

Conjugaison des Verbes réguliers.

70. On appelle verbes réguliers ceux qui, dans leur formation, suivent les règles communes à toutes les conjugaisons.

71. Pour conjuguer un verbe il faut en connaître les radicaux et les terminaisons.

Le radical se compose des premières lettres du mot, lesquelles restent ordinairement les mêmes à toutes les personnes d'un temps et quelquefois de plusieurs temps. La terminaison, au contraire, se compose des dernières lettres, lesquelles varient selon les modes, les temps, les nombres et les personnes.

Ainsi, dans : *J'aime*, *tu aimes, il aime, nous aimons*, *vous aimez*, *ils aiment,* les premières lettres *aim* sont le radical, et les dernières *e, es*, *e, ons, ez, ent*, sont les terminaisons. Dans : *Je finissais*, *tu finissais*, *il finissait, nous finissions*, *vous finissiez*, *ils finissaient*, le radical est *finiss*, et les terminaisons sont *ais, ais, ait, ions, iez, aient.*

72. Chaque verbe, dans son origine, n'a réellement qu'une racine; mais, dans sa conjugaison, il a quatre temps

sur lesquels tous les autres se forment, et qu'on appelle pour cela *primitifs* ou *radicaux.*

73. 1° Le radical du présent de l'infinitif s'obtient en retranchant *r* ou *re* à la fin : *Aime r, fini r, pourvoi r, écri re;*

2° Celui du participe présent s'obtient en retranchant *ant : Aim ant, finiss ant, pourvoy ant, écriv ant ;*

3° Celui de la première personne singulière du présent de l'indicatif s'obtient en retranchant la dernière lettre : *J'aim e, je fini s, je pourvoi s, j'écri s ;*

4° Celui de la première personne du passé déterminé de l'indicatif s'obtient en retranchant la dernière lettre : *J'aima i, je fini s, je pourvu s, j'écrivi s.*

74. Ces quatre radicaux servent à la formation de tous les temps simples :

1° Le radical de l'infinitif présent passe au futur simple de l'indicatif et au présent du conditionnel.

2° Le radical du participe présent passe au pluriel du présent de l'indicatif, à tout l'imparfait de l'indicatif, au pluriel seulement de l'impératif et à tout le présent du subjonctif.

3° Le radical de la première personne singulière du présent de l'indicatif passe aux deux autres personnes singulières du même temps, et à la deuxième personne singulière de l'impératif.

4° Le radical de la première personne singulière du passé déterminé passe non seulement à toutes les personnes de ce temps, mais aussi à tout l'imparfait du subjonctif.

A ces quatre temps primitifs, on ajoute communément le participe passé, parce que, en effet, il entre dans la composition de tous les temps composés.

75. Tous les verbes français sont terminés à l'infinitif présent, par *er, ir, oir* ou *re,* ce qui fait distinguer quatre conjugaisons : la première en *er*, la seconde en *ir*, la troisième en *oir* et la quatrième en *re.*

TABLEAU DES CONJUGAISONS.

PREMIÈRE CONJUGAISON.	SECONDE CONJUGAISON.	TROISIÈME CONJUGAISON.	QUATRIÈME CONJUGAISON.
	INFINITIF. — PRÉSENT.		
AIME R	FINI R	POURVOI R (3)	ÉCRI RE
	PASSÉ.		
Avoir aimé	Avoir fini	Avoir pourvu	Avoir écrit
	PARTICIPE. — PRÉSENT.		
Aim ant	Finiss ant	Pourvoy ant	Écriv ant
	PASSÉ.		
Ayant aimé	Ayant fini	Ayant pourvu	Ayant écrit
	INDICATIF. — PRÉSENT.		
J'aim e	Je fini s (2)	Je pourvoi s	J'écri s
Tu aim es	Tu fini s	Tu pourvoi s	Tu écri s
Il *ou* elle aim e	Il *ou* elle fini t	Il *ou* elle pourvoi t	Il *ou* elle écri t
Nous aim ons	Nous finiss ons	Nous pourvoy ons	Nous écriv ons
Vous aim ez	Vous finiss ez	Vous pourvoy ez	Vous écriv ez
Ils *ou* elles aim ent	Ils *ou* elles finiss ent	Ils *ou* elles pourvoi ent (4)	Ils *ou* elles écriv ent

PASSÉ INDÉTERMINÉ.

J'ai		J'ai		J'ai		J'ai	
Tu as		Tu as		Tu as		tu as	
Il *ou* elle a	aimé	Il *ou* elle a	fini	Il *ou* elle a	pourvu	Il *ou* elle a	écrit
Nous avons		Nous avons		Nous avons		Nous avons	
Vous avez		Vous avez		Vous avez		Vous avez	
Ils *ou* elles ont		Ils *ou* elles ont		Ils *ou* elles ont		Ils *ou* elles ont	

PASSÉ DÉTERMINÉ.

J'aima	i	Je fini	s	Je pourvu	s	J'écrivi	s
Tu aima	s	Tu fini	s	Tu pourvu	s	Tu écrivi	s
Il *ou* elle aima		Il *ou* elle fini	t	Il *ou* elle pourvu	t	Il *ou* elle écrivi	t
Nous aimâ	mes	Nous finî	mes	Nous pourvû	mes	Nous écrivî	mes
Vous aimâ	tes	Vous finî	tes	Vous pourvû	tes	Vous écrivî	tes
Ils *ou* elles aimè	rent (1)	Ils *ou* elles fini	rent	Ils *ou* elles pourvu	rent	Ils *ou* elles écrivi	rent

PASSÉ ANTÉRIEUR.

J'eus		J'eus		J'eus		J'eus	
Tu eus		Tu eus		Tu eus		Tu eus	
Il *ou* elle eut		Il *ou* elle eut		Il *ou* elle eut		Il *ou* elle eut	
Nous eûmes	aimé	Nous eûmes	fini	Nous eûmes	pourvu	Nous eûmes	écrit
Vous eûtes		Vous eûtes		Vous eûtes		Vous eûtes	
Ils *ou* elles eurent		Ils *ou* elles eurent		Ils *ou* elles eurent		Ils *ou* elles eurent	

(1) A la troisième personne du pluriel du passé déterminé, les verbes en *er* changent en *è* l'*a* qui termine toujours ce radical.

(2) Les verbes en *euillir*, *vrir*, *frir*, tels que *cueillir*, *ouvrir*, *souffrir* ont, comme les verbes en *er*, le singulier du présent de l'indicatif terminé par *e*, *es*, *e* : *je cueille*, *tu ouvres*, *il souffre*.

(3) Bien que la plupart des grammairiens donnent le verbe *recevoir* pour modèle des verbes réguliers de la troisième conjugaison, nous avons adopté *pourvoir* parce qu'il suit plus régulièrement les règles données pour la formation des temps.

(4) Le radical devrait être *pourvoy*, mais l'usage veut que, dans les conjugaisons, l'*y* se change en *i* devant un *e* muet.

PREMIÈRE CONJUGAISON.		SECONDE CONJUGAISON.		TROISIÈME CONJUGAISON.		QUATRIÈME CONJUGAISON.	
			IMPARFAIT.				
J'aim	ais	Je finiss	ais	Je pourvoy	ais	J'écriv	ais
Tu aim	ais	Tu finiss	ais	Tu pourvoy	ais	Tu écriv	ais
Il *ou* elle aim	ait	Il *ou* elle finiss	ait	Il *ou* elle pourvoy	ait	Il *ou* elle écriv	ait
Nous aim	ions	Nous finiss	ions	Nous pourvoy	ions	Nous écriv	ions
Vous aim	iez	Vous finiss	iez	Vous pourvoy	iez	Vous écriv	iez
Ils *ou* elles aim	aient	Ils *ou* elles finiss	aient	Ils *ou* elles pourvoy	aient	Ils *ou* elles écriv	aient
			PLUS-QUE-PARFAIT.				
J'avais		J'avais		J'avais		J'avais	
Tu avais		Tu avais		Tu avais		Tu avais	
Il *ou* elle avait		Il *ou* elle avait		Il *ou* elle avait		Il *ou* elle avait	
Nous avions	aimé	Nous avions	fini	Nous avions	pourvu	Nous avions	écrit
Vous aviez		Vous aviez		Vous aviez		Vous aviez	
Ils *ou* elles avaient		Ils *ou* elles avaient		Ils *ou* elles avaient		Ils *ou* elles avaient	
			FUTUR SIMPLE.				
J'aime	rai	Je fini	rai	Je pourvoi	rai	J'écri	rai
Tu aime	ras	Tu fini	ras	Tu pourvoi	ras	Tu éeri	ras
Il *ou* elle aime	ra	Il *ou* elle fini	ra	Il *ou* elle pourvoi	ra	Il *ou* elle écri	ra
Nous aime	rons	Nous fini	rons	Nous pourvoi	rons	Nous écri	rons
Vous aime	rez	Vous fini	rez	Vous pourvoi	rez	Vous écri	rez
Ils *ou* elles aime	ront	Ils *ou* elles fini	ront	Ils *ou* elles pourvoi	ront	Ils *ou* elles écri	ront

FUTUR ANTÉRIEUR.

J'aurai		J'aurai		J'aurai		J'aurai	
Tu auras		Tu auras		Tu auras		Tu auras	
Il *ou* elle aura		Il *ou* elle aura		Il *ou* elle aura		Il *ou* elle aura	
Nous aurons	aimé	Nous aurons	fini	Nous aurons	pourvu	Nous aurons	écrit
Vous aurez		Vous aurez		Vous aurez		Vous aurez	
Ils *ou* elles auront		Ils *ou* elles auront		Ils *ou* elles auront		Ils *ou* elles auront	

CONDITIONNEL. — PRÉSENT.

J'aime	rais	Je fini	rais	Je pourvoi	rais	J'écri	rais
Tu aime	rais	Tu fini	rais	Tu pourvoi	rais	Tu écri	rais
Il *ou* aime	rait	Il *ou* elle fini	rait	Il *ou* elle pourvoi	rait	Il *ou* elle écri	rait
Nous aime	rions	Nous fini	rions	Nous pourvoi	rions	Nous écri	rions
Vous aime	riez	Vous fini	riez	Vous pourvoi	riez	Vous écri	riez
Ils *ou* elles aime	raient	Ils *ou* elles fini	raient	Ils *ou* elles pourvoi	raient	Ils *ou* elles écri	raient

PASSÉ. (1)

J'aurais		J'aurais		J'aurais		J'aurais	
Tu aurais		Tu aurais		Tu aurais		Tu aurais	
Il *ou* elle aurait		Il *ou* elle aurait		Il *ou* elle aurait		Il ou elle aurait	
Nous aurions	aimé	Nous aurions	fini	Nous aurions	pourvu	Nous aurions	écrit
Vous auriez		Vous auriez		Vous auriez		Vous auriez	
Ils *ou* elles auraient		Ils *ou* elles auraient		Ils *ou* elles auraient		Ils *ou* elles auraient	

(1) On dit aussi : J'eusse, tu eusses, il eût, nous eussions, vous eussiez, ils eussent. J'eusse aimé, tu eusses fini, il eût pourvu.

PREMIÈRE CONJUGAISON.	SECONDE CONJUGAISON.	TROISIÈME CONJUGAISON.	QUATRIÈME CONJUGAISON.
IMPÉRATIF. — PRÉSENT OU FUTUR.			
Aim e (1) Aim ons Aim ez	Fini s Finiss ons Finiss ez	Pourvoi s Pourvoy ons Pourvoy ez	Ecri s Ecriv ons Ecriv ez
SUBJONCTIF. — PRÉSENT OU FUTUR.			
Que j'aim e Que tu aim es Qu'il *ou* qu'elle aim e Que nous aim ions Que vous aim iez Qu'ils *ou* qu'elles aim ent	Que je finiss e Que tu finiss es Qu'il *ou* qu'elle finiss e Que nous finiss ions Que vous finiss iez Qu'ils *ou* qu'elles finiss ent	Que je pourvoi e Que tu pourvoi es Qu'il *ou* qu'elle pourvoi e Que nous pourvoy ions Que vous pourvoy iez Qu'ils *ou* qu'elles pour-voi ent	Que j'écriv e Que tu écriv es Qu'il *ou* qu'elle écriv e Que nous écriv ions Que vous écriv iez Qu'ils *ou* qu'elles écriv ent
PASSÉ.			
Que j'aie Que tu aies Qu'il *ou* qu'elle ait Que nous ayons Que vous ayez Qu'ils *ou* qu'elles aient } aimé	Que j'aie Que tu aies Qu'il *ou* qu'elle ait Que nous ayons Que vous ayez Qu'ils *ou* qu'elles aient } fini	Que j'aie Que tu aies Qu'il *ou* qu'elle ait Que nous ayons Que vous ayez Qu'ils *ou* qu'elles aient } pourvu	Que j'aie Que tu aies Qu'il *ou* qu'elle ait Que nous ayons Que vous ayez Qu'ils *ou* qu'elles aient } écrit

IMPARFAIT.

Que j'aima	sse	Que je fini	sse	Que je pourvu	sse	Que j'écrivi	sse
Que tu aima	sses	Que tu fini	sses	Que tu pourvu	sses	Que tu écrivi	sses
Qu'il *ou* qu'elle aimâ	t	Qu'il *ou* qu'elle finî	t	Qu'il *ou* qu'elle pourvû	t	Qu'il *ou* qu'elle écrivî	t
Que nous aima	ssions	Que nous fini	ssions	Que nous pourvu	ssions	Que nous évrivi	ssions
Que vous aima	ssiez	Que vous fini	ssiez	Que vous pourvu	ssiez	Que vous écrivi	ssiez
Qu'ils *ou* qu'elles aima	ssent	Qu'ils *ou* qu'elles fini	ssent	Qu'ils *ou* qu'elles pourvu	ssent	Qu'ils *ou* qu'elles écrivi	ssent

PLUS-QUE-PARFAIT.

Que j'eusse	aimé	Que j'eusse	fini	Que j'eusse	pourvu	Que j'eusse	écrit
Que tu eusses		Que tu eusses		Que tu eusses		Que tu eusses	
Qu'il *ou* qu'elle eût		Qu'il *ou* qu'elle eût		Qu'il *ou* qu'elle eût		Qu'il *ou* qu'elle eût	
Que nous eussions		Que nous eussions		Que nous eussions		Que nous eussions	
Que vous eussiez		Que vous eussiez		Que vous eussiez		Que vous eussiez	
Qu'ils *ou* qu'elles eussent		Qu'ils *ou* qu'elles eussent		Qu'ils *ou* qu'elles eussent		Qu'ils *ou* qu'elles eussent	

(1) Dans tous les verbes, la seconde personne singulière de l'impératif est semblable à la première personne singulière du présent de l'indicatif : *J'aime*, *aime* ; *je finis*, *finis*, mais quand cette personne est terminée par une voyelle, et qu'elle est suivie de l'un des pronoms *en* ou *y*, on y ajoute *s* pour l'harmonie : *Vas-y*, *cueilles-en*. Cependant si ces pronoms *en* ou *y* étaient suivis d'un verbe, on n'ajouterait pas l'*s* : *Va y voir*, *monte en cueillir*.

76. Le verbe prend le nombre et la personne de son sujet : *Marie* CHANTE. *Chante* est à la troisième personne du singulier, parce que son sujet *Marie* est à la troisième personne du singulier. *Ces demoiselles* CHANTENT. *Chantent* est à la troisième personne du pluriel, parce que son sujet *demoiselles* est à la troisième personne du pluriel.

Si le sujet est composé de plusieurs noms, le verbe se met au pluriel : *Marie et sa sœur* CHANTENT.

Conjugaison des Verbes passifs.

77. Les verbes passifs n'ont tous qu'une même manière très-simple de se conjuguer. On prend l'auxiliaire *Être* en son entier, et l'on met, à la suite de chaque personne de ce verbe, le participe passé du verbe actif que l'on veut conjuguer passivement. Ce participe prend le genre et le nombre de chaque personne.

INFINITIF

PRÉSENT.

Être	aimé *ou* aimée. aimés *ou* aimées.

PASSÉ.

Avoir été	aimé *ou* aimée. aimés *ou* aimées.

PARTICIPE

PRÉSENT.

Étant	aimé *ou* aimée. aimés *ou* aimées.

PASSÉ.

Ayant été	aimé *ou* aimée. aimés *ou* aimées.

INDICATIF

PRÉSENT.

Je suis Tu es Il *ou* elle est	aimé *ou* aimée.
Nous sommes Vous êtes Ils *ou* elles sont	aimés *ou* aimées

PASSÉ INDÉTERMINÉ.

J'ai été Tu as été Il *ou* elle a été	aimé *ou* aimée.
Nous avons été Vous avez été Ils *ou* elles ont été	aimés *ou* aimées

PASSÉ DÉTERMINÉ.

Je fus Tu fus Il *ou* elle fut	aimé *ou* aimée.
Nous fûmes Vous fûtes Ils *ou* elles furent	aimés *ou* aimées

PASSÉ ANTÉRIEUR.

J'eus été Tu eus été Il *ou* elle eut été	aimé *ou* aimée.
Nous eûmes été Vous eûtes été Ils *ou* elles eurent été	aimés *ou* aimées

IMPARFAIT.

J'étais Tu étais Il *ou* elle était	aimé *ou* aimée.
Nous étions Vous étiez Ils *ou* elles étaient	aimés *ou* aimées

PLUS-QUE-PARFAIT.

J'avais été Tu avais été Il *ou* elle avait été	aimé *ou* aimée.
Nous avions été Vous aviez été Ils *ou* elles avaient été	aimés *ou* aimées

FUTUR SIMPLE.

Je serai Tu seras Il *ou* elle sera	aimé *ou* aimée.
Nous serons Vous serez Ils *ou* elles seront.	aimés *ou* aimées

FUTUR ANTÉRIEUR.

J'aurai été Tu auras été Il *ou* elle aura été	aimé *ou* aimée.
Nous aurons été Vous aurez été Ils *ou* elles auront été	aimés *ou* aimées

CONDITIONNEL

PRÉSENT.

Je serais Tu serais Il *ou* elle serait.	aimé *ou* aimée.
Nous serions Vous seriez Ils *ou* elles seraient.	aimés *ou* aimées

PASSÉ.

J'aurais été Tu aurais été Il *ou* elle aurait été	aimé *ou* aimée.
Nous aurions été Vous auriez été Ils *ou* elles auraient été	aimés *ou* aimées

IMPÉRATIF.

Sois	aimé *ou* aimée.
Soyons Soyez	aimés *ou* aimées.

SUBJONCTIF

PRÉSENT.

Que je sois Que tu sois Qu'il *ou* qu'elle soit	aimé *ou* aimée.
Que nous soyons Que vous soyez Qu'ils *ou* qu'elles soient	aimés *ou* aimées

PASSÉ.

Que j'aie été } aimé
Que tu aies été } ou
Qu'il *ou* qu'elle ait été } aimée.
Que nous ayons été } aimés
Que vous ayez été } ou
Qu'ils *ou* qu'elles aient été } aimées

IMPARFAIT.

Que je fusse } aimé
Que tu fusses } ou
Qu'il *ou* qu'elle fût } aimée.
Que nous fussions } aimés
Que vous fussiez } ou
Qu'ils *ou* qu'elles fussent } aimées

PLUS-QUE-PARFAIT.

Que j'eusse été } aimé
Que tu eusses été } ou
Qu'il *ou* qu'elle eût été } aimée.
Que nous eussions été } aimés
Que vous eussiez été } ou
Qu'ils *ou* qu'elles eussent été } aimées

Conjugaison des Verbes neutres.

78. La plupart des verbes neutres se conjuguent entièrement comme les verbes actifs ; mais quelques autres, au lieu de former leurs temps composés avec l'auxiliaire *avoir*, comme les verbes actifs, les forment avec l'auxiliaire *être* : *Je* SUIS *venu*, *je* SUIS *né*, et non pas, *j'ai venu*, *j'ai né.*

Verbe neutre conjugué avec ÊTRE.

INFINITIF

PRÉSENT.

Partir.

PASSÉ.

Être parti *ou* partie.

PARTICIPE

PRÉSENT.

Partant.

PASSÉ.

Étant parti *ou* partie.

INDICATIF

PRÉSENT.

Je pars.
Tu pars.
Il *ou* elle part.
Nous partons.
Vous partez.
Ils *ou* elles partent.

PASSÉ INDÉTERMINÉ.

Je suis } parti
Tu es } ou
Il *ou* elle est } partie.

Nous sommes } partis
Vous êtes } *ou*
Ils *ou* elles sont } parties.

PASSÉ DÉTERMINÉ.

Je partis.
Tu partis.
Il *ou* elle partit.
Nous partîmes.
Vous partîtes.
Ils *ou* elles partirent.

PASSÉ ANTÉRIEUR.

Je fus } parti
Tu fus } *ou*
Il *ou* elle fut } partie.
Nous fûmes } partis
Vous fûtes } *ou*
Ils *ou* elles furent } parties.

IMPARFAIT.

Je partais.
Tu partais.
Il *ou* elle partait,
Nous partions.
Vous partiez.
Ils *ou* elles partaient.

PLUS-QUE-PARFAIT.

J'étais } parti
Tu étais } *ou*
Il *ou* elle était } partie.
Nous étions } partis
Vous étiez } *ou*
Ils *ou* elles étaient } parties.

FUTUR SIMPLE.

Je partirai.
Tu partiras.
Il *ou* elle partira.
Nous partirons.
Vous partirez.
Ils *ou* elles partiront.

FUTUR ANTÉRIEUR.

Je serai } parti
Tu seras } *ou*
Il *ou* elle sera } partie.
Nous serons } partis
Vous serez } *ou*
Ils *ou* elles seront. } parties.

CONDITIONNEL

PRÉSENT.

Je partirais.
Tu partirais.
Il *ou* elle partirait.
Nous partirions.
Vous partiriez.
Ils *ou* elles partiraient.

PASSÉ.

Je serais } parti
Tu serais } *ou*
Il *ou* elle serait } partie.
Nous serions } partis
Vous seriez } *ou*
Ils *ou* elles seraient } parties.

IMPÉRATIF.

Pars.
Partons.
Partez.

SUBJONCTIF

PRÉSENT.

Que je parte.
Que tu partes.
Qu'il *ou* qu'elle parte.
Que nous partions.
Que vous partiez.
Qu'ils *ou* qu'elles partent.

PASSÉ.

Que je sois Que tu sois Qu'il *ou* qu'elle soit	parti *ou* partie.
Que nous soyons Que vous soyez Qu'ils *ou* qu'elles soient	partis *ou* parties.

IMPARFAIT.

Que je partisse.
Que tu partisses.
Qu'il *ou* qu'elle partît.
Que nous partissions.
Que vous partissiez.
Qu'ils *ou* qu'elles partissent.

PLUS-QUE-PARFAIT.

Que je fusse Que tu fusses Qu'il *ou* qu'elle fût	parti *ou* partie.
Que nous fussions Que vous fussiez Qu'ils *ou* qu'elles fussent	partis *ou* parties.

Conjugaison des verbes pronominaux.

79. Les verbes pronominaux se conjuguent comme les verbes actifs dans leurs temps simples, mais dans leurs temps composés, ils se conjuguent avec l'auxiliaire *être*, qui, dans ces verbes, est presque toujours employé pour *avoir*.

INFINITIF.

PRÉSENT.

Se flatter.

PASSÉ.

S'être flatté *ou* flattée.

PARTICIPE

PRÉSENT.

Se flattant.

PASSÉ.

S'étant flatté *ou* flattée.

INDICATIF

PRÉSENT.

Je me flatte.
Tu te flattes.
Il *ou* elle se flatte.
Nous nous flattons.
Vous vous flattez.
Ils *ou* elles se flattent.

PASSÉ INDÉTERMINÉ.

Je me suis / Tu t'es / Il *ou* elle s'est } flatté *ou* flattée.
Nous nous sommes / Vous vous êtes / Ils *ou* elles se sont } flattés *ou* flattées

PASSÉ DÉTERMINÉ.

Je me flattai.
Tu te flattas.
Il *ou* elle se flatta.
Nous nous flattâmes.
Vous vous flattâtes.
Ils *ou* elles se flattèrent.

PASSÉ ANTÉRIEUR.

Je me fus / Tu te fus / Il *ou* elle se fut } flatté *ou* flattée
Nous nous fûmes / Vous vous fûtes / Ils *ou* elles se furent } flattés *ou* flattées

IMPARFAIT.

Je me flattais.
Tu te flattais.
Il *ou* elle se flattait.
Nous nous flattions.
Vous vous flattiez.
Ils *ou* elles se flattaient.

PLUS-QUE-PARFAIT.

Je m'étais / Tu t'étais / Il *ou* elle s'était } flatté *ou* flattée.
Nous nous étions / Vous vous étiez / Ils *ou* elles s'étaient } flattés *ou* flattées

FUTUR SIMPLE.

Je me flatterai.
Tu te flatteras.
Il *ou* elle se flattera.
Nous nous flatterons.
Vous vous flatterez.
Ils *ou* elles se flatteront.

FUTUR ANTÉRIEUR.

Je me serai / Tu te seras / Il *ou* elle se sera } flatté *ou* flattée.
Nous nous serons / Vous vous serez / Ils *ou* elles se seront } flattés *ou* flattées

CONDITIONNEL

PRÉSENT.

Je me flatterais.
Tu te flatterais.
Il *ou* elle se flatterait.
Nous nous flatterions.
Vous vous flatteriez.
Ils *ou* elles se flatteraient.

PASSÉ.

Je me serais / Tu te serais / Il *ou* elle se serait } flatté *ou* flattée.
Nous nous serions / Vous vous seriez / Ils *ou* elles se seraient } flattés *ou* flattées

IMPÉRATIF.

Flatte-toi.
Flattons-nous.
Flattez-vous.

SUBJONCTIF

PRÉSENT.

Que je me flatte.
Que tu te flattes.
Qu'il *ou* qu'elle se flatte.
Que nous nous flattions.
Que vous vous flattiez.
Qu'ils *ou* qu'elles se flattent.

PASSÉ.

Que je me sois / Que tu te sois / Qu'il *ou* qu'elle se soit } flatté *ou* flattée.
Que nous nous soyons / Que vous vous soyez / Qu'ils *ou* qu'elles se soient } flattés *ou* flattées

IMPARFAIT.

Que je me flattasse.
Que tu te flattasses.
Qu'il *ou* qu'elle se flattât.
Que nous nous flattassions.
Que vous vous flattassiez.
Qu'ils *ou* qu'elles se flattassent.

PLUS-QUE-PARFAIT.

Que je me fusse / Que tu te fusses / Qu'il *ou* qu'elle se fût } flatté *ou* flattée.
Que nous nous fussions / Que vous vous fussiez / Qu'ils *ou* qu'elles se fussent } flattés *ou* flattées

Conjugaison des Verbes impersonnels.

80. Les verbes impersonnels se conjuguent aussi suivant la conjugaison à laquelle ils appartiennent par la terminaison de leur infinitif.

INFINITIF	PRÉSENT	Falloir.
	PASSÉ	*Inusité.*
PARTICIPE	PRÉSENT	*Inusité.*
	PASSÉ	Fallu.
INDICATIF	PRÉSENT	Il faut.
	PASSÉ INDÉTERMINÉ	Il a fallu.
	PASSÉ DÉTERMINÉ	Il fallut.
	PASSÉ ANTÉRIEUR	Il eut fallu.
	IMPARFAIT	Il fallait.
	PLUS-QUE-PARFAIT	Il avait fallu.
	FUTUR SIMPLE	Il faudra.
	FUTUR ANTÉRIEUR	Il aura fallu.

ONDITIONNEL.......	PRÉSENT.........	Il faudrait.
	PASSÉ...........	Il aurait *ou* il eût fallu.
OINT D'IMPÉRATIF...		
UBJONCTIF..........	PRÉSENT.........	Qu'il faille.
	PASSÉ...........	Qu'il ait fallu.
	IMPARFAIT.......	Qu'il fallût.
	PLUS-QUE-PARFAIT.	Qu'il eût fallu.

Remarques particulières sur l'orthographe des verbes.

81. Dans les verbes de la première conjugaison, remarquez : 1° Que le radical du présent de l'infinitif étant rminé par un *e* muet, cet *e* muet doit se trouver avant la rminaison à toutes les personnes du futur simple et du résent du conditionnel. Ainsi on doit écrire : *Je prie rai, loue rais, tu crée ras, il agrée ra,* et non pas : *Je pri rai, lou rais, tu cré ras, il agré ra.*

2° Que dans les verbes terminés au participe présent en *nt : Pri ant, étudi ant, vérifi ant, certifi ant,* etc. ; il doit trouver deux *i* aux deux premières personnes plurielles l'imparfait de l'indicatif et du présent du subjonctif, rce que ces personnes ont un *i* dans leur terminaison, et n dans leur radical qui est celui du participe présent. insi, on écrira : *Hier nous pri ions, vous étudi iez, il ut que nous vérifi ions, que vous certifi iez.*

3° Que ces mêmes personnes plurielles de l'imparfait de ndicatif et du présent du subjonctif prennent un *i* après *y*, dans les verbes terminés au participe présent par *unt.* Ainsi, on écrit : *Hier nous employ ions, que vous woy iez* (1).

4° Que les verbes en *yer* changent l'*y* en *i* devant un *e* uet : *J'emploie, tu envoies.* Cependant les verbes en *ayer*

(1) Ces deux remarques s'étendent à tous les verbes terminés par *iant* ou *yant* quelque conjugaison qu'ils appartiennent ; exemple : *Riant. — Hier nous ions. — Fuyant. — Autrefois vous fuyiez. — Croyant. — Il faut que vous oyiez.*

et en *eyer* conservent l'*y* avant l'*e* muet : ***Je balaye, j'essaye, tu grasseyes.***

5° Que dans les verbes en *ger* et en *cer* les lettres *g* et *c* doivent conserver, dans toute la conjugaison, le son qu'elles ont à l'infinitif. Par conséquent, quand elles se trouveront devant *a* et *o* on devra faire suivre le *g* d'un *e* muet, et mettre une cédille sous le *c* : MANGER, *nous mangeons, vous mangeâtes.* — AVANCER, *nous avançons, vous avançâtes.* —

6° Que les verbes en *er* qui ont la syllabe finale de l'infinitif précédée d'un *e* muet ou d'un *é* fermé, changent cet *e* muet ou cet *é* fermé en *è* ouvert toutes les fois que la syllabe suivante est muette : ***Enlever, j'enlève; tolérer, je tolèrerai.*** Cependant les verbes en *éger* conservent l'accent aigu devant une syllabe muette : ***Protéger, je protége ; abréger, j'abrége.***

Les verbes en *eler* et en *eter*, au lieu de prendre l'accent grave sur l'*e*, doublent l'*l* ou le *t* devant un *e* muet : ***Appeler, j'appelle ; carreler, tu carrelles ; jeter, je jette ; cacheter, tu cachettes*** (1). Il n'en est pas ainsi des verbes en *éler* et en *éter* ; ils suivent la règle générale et prennent l'accent grave : ***Révéler, je révèle ; empiéter, j'empiète.***

82. Remarquez dans les verbes de la seconde conjugaison :

1° Que le verbe *haïr* conserve le tréma sur l'*i* à tous les temps et à toutes les personnes, excepté : 1° à tout le singulier du présent de l'indicatif : ***Je hais, tu hais, il hait ;*** 2° à la seconde personne du singulier de l'impératif : ***Hais.***

2° Que le verbe *bénir* a deux participes passés : ***Bénit, bénite,*** qui signifie consacré par une cérémonie religieuse : ***Du pain bénit, de l'eau bénite ;*** et *béni, bénie* dans toutes les autres significations de ce verbe : ***Marie est* BÉNIE *entre toutes les femmes, et Jésus, le fruit de ses entrailles,*** est BÉNI.

3° Que le verbe *fleurir* employé au figuré pour ***prospérer,***

(1) Cependant l'Académie écrit : *J'achète, il gèle.*

pour radical *floriss* au participe présent et à l'imparfait de l'indicatif : *L'empire romain* FLORISSAIT.

83. D'après les règles que nous avons données pour la ormation des temps, la plupart des verbes de la troisième onjugaison sont irréguliers. Ainsi remarquez : 1° Que dans es verbes en *evoir* comme *devoir, apercevoir*, etc., au lieu l'ajouter seulement *ai*, *as*, etc., pour la formation du futur, t *ais*, *ais*, *ait*, etc., pour la formation du présent du onditionnel, on retranche *oi* et l'on écrit : *Je dev rai, 'apercev rais*, etc., et non pas : *Je devoi rai, j'aperce-oi rais.*

2° Que les verbes *pouvoir*, *valoir*, *vouloir* et leurs compo-és prennent *x* au lieu de *s* à la première et à la seconde ersonne du singulier du présent de l'indicatif : *Je veux, tu eux.*

3° Que les verbes *devoir, redevoir* et *mouvoir* prennent un ccent circonflexe au participe passé masculin singulier : *Dû, mû.*

84. Dans les verbes de la quatrième conjugaison remarquez ue dans les verbes terminés en *indre* ou en *soudre*, comme *raindre* ou *absoudre,* on supprime le *d* aux deux premières ersonnes du singulier du présent de l'indicatif : *Je crains, 'absous,* et que l'on change le *d* en *t* à la troisième per-onne : *Il craint, il absout.*

Verbes employés interrogativement.

85. Dans les verbes conjugués interrogativement, les pronoms personnels sujets sont placés après le verbe dans es temps simples, et après l'auxiliaire dans les temps com-osés ; ils sont liés l'un à l'autre par un trait-d'union. *Ex. : Aimez-vous ? avez-vous reçu ?*

Quand le verbe finit par une voyelle, et que le sujet est un des pronoms *il*, *elle*, *on*, pour adoucir la prononciation, on fait précéder le sujet d'un *t* entre deux traits-d'union : *Travaille-*T*-il ? viendra-*T*-elle ? a-*T*-on vu ?*

Si le verbe finit par un *e* muet, et qu'il doive être suivi du pronom *je*, on remplace cet *e* muet par un *é* fermé : *Aimé-je? dussé-je? puissé-je?* (1)

1° La plupart des verbes qui n'ont qu'une syllabe à la première personne singulière du présent de l'indicatif, ne s'emploient point interrogativement à cette personne. Ainsi l'on ne dira pas : *Mens-je? cours-je? sers-je?* On donne alors un autre tour à la phrase; par ex. : *Pensez-vous que je mente? est-ce que je cours? est-il vrai que je serve?* Cependant l'usage permet de dire : *Fais-je? dis-je? dois-je? vois-je? ai-je? suis-je? vais-je? puis-je? veux-je?*

Verbe conjugué interrogativement.

INDICATIF

PRÉSENT.

Terminé-je?
Termines-tu?
Termine-t-il?
Terminons-nous?
Terminez-vous?
Terminent-ils?

PASSÉ INDÉTERMINÉ.

Ai-je terminé ?
As-tu terminé ?
A-t-il terminé?
Avons-nous terminé?
Avez-vous terminé?
Ont-ils terminé?

PASSÉ DÉTERMINÉ.

Terminai-je ?
Terminas-tu ?
Termina-t-il ?
Terminâmes-nous ?
Terminâtes-vous ?
Terminèrent-ils?

PASSÉ ANTÉRIEUR (2).

Eus-je terminé ?
Eus-tu terminé ?
Eut-il terminé ?
Eûmes-nous terminé ?
Eûtes-vous terminé ?
Eurent-ils terminé ?

(1) Remarquez : 1° Qu'il ne faut pas confondre *aimé-je?* et *aimai-je?* le premier est au présent et le second au passé déterminé; 2° que l'on peut dire: *Dussé-je? Puissé-je?* mais non pas : *Dussai-je? puissai-je?* car on ne dit jamais : *Je dussai, je puissai.*

(2) Peu de verbes s'emploient au passé antérieur sous la forme interrogative.

IMPARFAIT.

Terminais-je ?
Terminais-tu ?
Terminait-il ?
Terminions-nous ?
Terminiez-vous ?
Terminaient-ils ?

PLUS-QUE-PARFAIT.

Avais-je terminé ?
Avais-tu terminé ?
Avait-il terminé ?
Avions-nous terminé ?
Aviez-vous terminé ?
Avaient-ils terminé ?

FUTUR SIMPLE.

Terminerai-je ?
Termineras-tu ?
Terminera-t-il ?
Terminerons-nous ?
Terminerez-vous ?
Termineront-ils ?

FUTUR ANTÉRIEUR.

Aurai-je terminé ?
Auras-tu terminé ?
Aura-t-il terminé ?
Aurons-nous terminé ?
Aurez-vous terminé ?
Auront-ils terminé ?

CONDITIONNEL.

PRÉSENT.

Terminerais-je ?
Terminerais-tu ?
Terminerait-il ?
Terminerions-nous ?
Termineriez-vous ?
Termineraient-ils ?

PASSÉ.

Aurais-je terminé ?
Aurais-tu terminé ?
Aurait-il terminé ?
Aurions-nous terminé ?
Auriez-vous terminé ?
Auraient-ils terminé ?

On dit aussi :

Eussé-je terminé ?
Eusses-tu terminé ?
Eût-il terminé ?
Eussions-nous terminé ?
Eussiez-vous terminé ?
Eussent-ils terminé ? (1)

Verbes irréguliers et autres verbes dont la conjugaison présente quelques difficultés.

86. On appelle verbes irréguliers ceux qui s'écartent des règles générales pour la formation des temps.

Les verbes défectifs sont ceux auxquels il manque certains temps ou certaines personnes que l'usage n'admet pas.

(1) Les autres temps du verbe ne sont point en usage sous la forme interrogative.

Première conjugaison.

Aller. Allant. Allé. Je vais. J'allai. ***Prés. de l'indic.*** Je vais, tu vas, il va, nous allons, vous allez, ils vont. ***Futur.*** J'irai, tu iras, etc. *Condit.* J'irais, etc. ***Impératif.*** Va, allons, allez. ***Prés. du subj.*** Que j'aille, que tu ailles, qu'il aille, que nous allions, que vous alliez, qu'ils aillent. — Il prend *être* dans ses temps composés.

Envoyer. Envoyant. Envoyé. J'envoie. J'envoyai. ***Futur.*** J'enverrai, tu enverras, etc. *Conditionnel.* J'enverrais, tu enverrais, etc.

Seconde conjugaison.

Acquérir. Acquérant. Acquis. J'acquiers. J'acquis. ***Prés. de l'Indic.*** J'acquiers, tu acquiers, il acquiert, nous acquérons, vous acquérez, ils acquièrent. ***Imparf.*** J'acquérais, etc. *Futur.* J'acquerrai, tu acquerras, etc. *Condit.* J'acquerrais, etc. ***Impératif.*** Acquiers, acquérons, acquérez. ***Prés. du subj.*** Que j'acquière, que tu acquières, qu'il acquière, que nous acquérions, que vous acquériez, qu'ils acquièrent.

Bouillir. Bouillant. Bouilli. Je bous. Je bouillis.

Courir. Courant. Couru. Je cours. Je courus. ***Futur.*** Je courrai, tu courras, etc. *Conditionnel.* Je courrais, tu courrais, etc.

Cueillir. Cueillant. Cueilli. Je cueille. Je cueillis. ***Futur.*** Je cueillerai, tu cueilleras, etc. *Conditionnel.* Je cueillerais, etc.

Dormir. Dormant. Dormi. Je dors. Je dormis.

Faillir. Faillant. Failli. Je faux. Je faillis. Quoiqu'on lui donne en général les cinq temps primitifs, il n'est guère usité qu'au *Passé déterminé.* Je faillis, tu faillis, etc.; au ***Futur.*** Je faillirai, tu failliras, etc.; au *Condit.* Je faillirais, tu faillirais, etc.

Fuir. Fuyant. Fui. Je fuis. Je fuis.

Gésir. Gisant. Il gît. Gésir est inusité à l'*Infinitif.* Il s'emploie seulement aux personnes et aux temps suivants : au *Prés. de l'Indic.* Il gît, nous gisons, vous gisez, ils gisent ; à l'*Imparf. de l'Ind.* Je gisais, tu gisais, etc. ; au *Participe présent.* Gisant.

Mentir, Mentant. Menti. Je mens. Je mentis.

Mourir. Mourant. Mort. Je meurs. Je mourus. *Futur.* Je mourrai, tu mourras, etc. *Condit.* Je mourrais, tu mourrais, etc. *Prés. du Subj.* Que je meure, que tu meures, qu'il meure, que nous mourions, que vous mouriez, qu'ils meurent. — Les temps composés se conjuguent avec *être.*

Offrir. Offrant. Offert. J'offre. J'offris.

Ouvrir. Ouvrant. Ouvert. J'ouvre. J'ouvris.

Partir. Partant. Parti. Je pars. Je partis.

Sentir. Sentant. Senti. Je sens. Je sentis.

Sortir. Sortant. Sorti. Je sors. Je sortis.

Tenir. Tenant. Tenu. Je tiens. Je tins. *Prés. de l'Indic.* Je tiens, tu tiens, il tient, nous tenons, vous tenez, ils tiennent. *Futur.* Je tiendrai, tu tiendras, etc. *Condit.* Je tiendrais, tu tiendrais, etc. *Impératif.* Tiens, tenons, tenez. *Prés. du subj.* Que je tienne, que tu tiennes, qu'il tienne, que nous tenions, que vous teniez, qu'ils tiennent.

Tressaillir. Tressaillant. Tressailli. Je tressaille. Je tressaillis. Tressaillir fait au *Futur* et au *Conditionnel :* Je tressaillirai, je tressaillirais, et non pas : je tressaillerai, je tressaillerais.

Venir. Venant. Venu. Je viens. Je vins. *Prés. de l'Indic.* Je viens, tu viens, il vient, nous venons, vous venez, ils viennent. *Futur.* Je viendrai, tu viendras, etc. *Condit.* Je viendrais, tu viendrais, etc. *Prés. du Subj.* Que je vienne, que tu viennes, qu'il vienne, que nous venions, que vous veniez, qu'ils viennent. — Il prend *être* dans ses temps composés.

VÊTIR. Vêtant. Vêtu. Je vêts. Je vêtis. Vêtir se conjugue régulièrement suivant ses temps primitifs. Ne dites donc pas au *Prés. de l'Indic.* : Nous vêtissons, vous vêtissez, etc. ; à *l'Imparf. de l'Indic.* : Je vêtissais, etc. ; ni au *Prés. du Subj.* : Que je vêtisse, que tu vêtisses, etc. ; mais dites : Nous vêtons, vous vêtez, ils vêtent ; je vêtais, etc. ; que je vête, etc. ; temps formés du *Part. Présent*, vêtant.

Troisième Conjugaison.

APERCEVOIR. Apercevant. Aperçu. J'aperçois. J'aperçus. *Indic. Prés.* J'aperçois, tu aperçois, il aperçoit, nous apercevons, vous apercevez, ils aperçoivent. *Futur.* J'apercevrai, tu apercevras, etc. *Conditionnel.* J'apercevrais, tu apercevrais, etc. *Prés. du Subj.* Que j'aperçoive, que tu aperçoives, qu'il aperçoive, que nous apercevions, que vous aperceviez, qu'ils aperçoivent (1).

CHOIR n'est usité qu'à l'infinitif.

DÉCHOIR. Déchu. Je déchois. Je déchus. *Prés. de l'Indic.* Je déchois, tu déchois, il déchoit, nous déchoyons, vous déchoyez, ils déchoient. *Imparf.* Je déchoyais, etc. *Futur.* Je décherrai, tu décherras, etc. *Condit.* Je décherrais, etc. *Prés. du Subj.* Que je déchoie, que tu déchoies, etc. Il a tous les temps qui se forment du participe présent, quoique ce participe n'existe pas. — Les temps composés prennent *avoir* ou *être*.

ÉCHOIR. Échéant. Échu. Il échoit. J'échus. *Prés. de l'Indic.* Il échoit *ou* il échet, ils échoient. *Passé déterminé.* J'échus. *Futur*, etc. J'écherrai, etc. *Condit.* J'écherrais, etc. *Imparf. du Subj.* Que j'échusse. L'usage autorise aussi l'*Imparf. de l'Indic.* J'échéais *ou* j'échoyais et le *Prés. du Subj.* Que j'échoie. — Aux temps composés il prend tantôt *être*, tantôt *avoir*.

---

(1) Ainsi se conjuguent tous les verbes en *evoir* comme *devoir*, *recevoir*, etc.

Falloir. Fallu. Il faut. Il fallut. *Futur.* Il faudra. *Condit.* Il faudrait. Il a le *Prés. du Subj.* qu'il faille, quoiqu'il n'ait point de *Participe présent.*

Mouvoir. Mouvant. Mû. Je meus. Je mus. *Prés. de l'Indic.* Je meus, tu meus, il meut, nous mouvons, vous mouvez, Ils meuvent. *Futur.* Je mouvrai, etc. *Cond.* Je mouvrais, etc. *Prés. du Subj.* Que je meuve, que tu meuves, qu'il meuve, que nous mouvions, que vous mouviez, qu'ils meuvent.

Pleuvoir. Pleuvant. Plu. Il pleut. Il plut.

Pouvoir. Pouvant. Pu. Je puis *ou* je peux. Je pus. *Prés. de l'Indic.* Je puis ou je peux, tu peux, il peut, nous pouvons, vous pouvez, ils peuvent. *Futur.* Je pourrai, tu pourras, etc. *Condit.* Je pourrais, tu pourrais, etc. *Prés. du Subj.* Que je puisse, etc.

Prévaloir. Prévalant. Prévalu. Je prévaux. Je prévalus. Prévaloir se conjugue comme valoir, excepté le *Présent du Subjonctif*, qui fait régulièrement : que je prévale, que tu prévales, qu'il prévale, que nous prévalions, que vous prévaliez, qu'ils prévalent.

S'asseoir. S'asseyant. Assis. Je m'assieds. Je m'assis. *Prés. de l'Indic.* Je m'assieds, tu t'assieds, il s'assied, nous nous nous asseyons, vous vous asseyez, ils s'asseyent. *Futur.* Je m'assiérai, ou je m'asseyerai, tu t'asseyeras, etc. *Condit.* Je m'assiérais, ou je m'asseyerais, etc. *Impératif.* Assieds-toi, asseyons-nous. asseyez-vous. *Prés. du Subj.* Que je m'assoie, etc.

Savoir. Sachant. Su. Je sais. Je sus. *Prés. de l'Indic.* Je sais, tu sais, il sait, nous savons, vous savez, ils savent. *Imparf. de l'Indic.* Je savais, tu savais, etc. *Futur.* Je saurai, tu sauras, etc. *Condit.* Je saurais, tu saurais, etc. *Impératif.* Sache, sachons, sachez.

Valoir. Valant. Valu. Je vaux. Je valus. *Prés. de l'Indic.* Je vaux, tu vaux, il vaut, nous valons, vous valez, ils valent. *Futur.* Je vaudrai, tu vaudras, etc. *Condit.* Je vaudrais, tu vaudrais, etc. Point d'*Impératif*. *Prés. du Subj.* Que je vaille, que tu vailles, qu'il vaille, que nous valions, que vous valiez, qu'ils vaillent.

VOIR. Voyant. Vu. Je vois. Je vis. *Futur.* Je verrai, tu verras, etc. *Condit.* Je verrais, tu verrais, etc.

VOULOIR. Voulant. Voulu. Je veux. Je voulus. *Prés. de l'Indic.* Je veux, tu veux, il veut, nous voulons, vous voulez, ils veulent. *Futur.* Je voudrai, tu voudras, etc. *Condit.* Je voudrais, tu voudrais, etc. *Impératif.* Veux, voulons, voulez. *Prés. du Subj* Que je veuille, que tu veuilles, qu'il veuille, que nous voulions, que vous vouliez, qu'ils veuillent.

Quatrième Conjugaison.

ABSOUDRE. Absolvant. Absous. J'absous. Absoudre n'ayant pas de *Passé déterminé* n'a pas d'*Imparf.* du *Subj.*

BATTRE. Battant. Battu. Je bats. Je battis.

BOIRE. Buvant. Bu. Je bois. Je bus. *Prés. de l'Indic.* Je bois, tu bois, il boit, nous buvons, vous buvez, ils boivent. *Prés. du Subj.* Que je boive, que tu boives, qu'il boive, que nous buvions, que vous buviez, qu'ils boivent.

BRAIRE. Il brait. Braire n'a que les personnes et les temps suivants : *Prés. de l'Indic.* Il brait. Ils braient. *Futur.* Il braira. Ils brairont. *Condit.* Il brairait. Ils brairaient.

BRUIRE. Bruyant. Bruire n'a que les personnes et les temps suivants : *Prés. de l'Indic.* Il bruit. *Imparf.* Il bruyait, ils bruyaient.

CIRCONCIRE. Circoncisant. Circoncis. Je circoncis. Je circoncis.

CLORE. Clos. Je clos. Clore n'a que les personnes et les temps suivants : *Prés. de l'Indic.* Je clos, tu clos, il clôt. Point de pluriel. *Futur.* Je clorai, tu cloras, etc. *Condit.* Je clorais, tu clorais, etc. Plus tous ses temps composés : J'ai clos, j'eus clos, etc.

CONCLURE. Concluant. Conclu. Je conclus. Je conclus.

CONFIRE. Confisant. Confit. Je confis. Je confis.

COUDRE. Cousant. Cousu. Je couds. Je cousis.

CROIRE. Croyant. Cru. Je crois. Je crus.

CROÎTRE. Croissant. Crû. Je croîs. Je crûs. Croître se conjugue régulièrement suivant ses temps primitifs. Remarquez qu'il prend l'accent circonflexe sur l'*i* ou sur l'*u* quand ces lettres ne sont pas suivies de deux *s* : Je croîs; tu croîs, il croît, nous croissons, vous croissez ; je crûs; je croîtrai. Cet accent, cependant, ne se met pas au participe féminin : crue.

DIRE. Disant. Dit. Je dis. Je dis. Dire n'est irrégulier qu'à la seconde personne du pluriel du ***Prés. de l'Indic.*** : Vous dites, et à la même personne de l'***Impératif*** : Dites.

REDIRE a les mêmes irrégularités. Mais ***Dédire***, ***Contredire***, ***Interdire***, ***Médire***, ***Prédire***, autres composés de ce verbe, font : Vous dédisez, vous contredisez, vous interdisez, vous médisez, vous prédisez. Les autres personnes et les autres temps se conjuguent comme au verbe ***Dire***.

ÉCLORE. Éclos. Il éclôt. Éclore n'a que les personnes et les temps suivants : ***Prés. de l'Indic.*** Il éclôt. Ils éclosent. ***Futur.*** Il éclôra, ils éclôront. ***Condit.*** Il éclôrait, ils éclôraient. ***Prés. du Subj.*** Qu'il éclose, qu'ils éclosent, quoiqu'il n'ait pas de ***Part. Prés.*** Plus tous ses temps composés.

EXCLURE. Excluant. Exclu. J'exclus. J'exclus.

FAIRE. Faisant. Fait. Je fais. Je fis. ***Prés. de l'Indic.*** Je fais, tu fais, il fait, nous faisons, vous faites, ils font. ***Futur.*** Je ferai, tu feras, etc. ***Condit.*** Je ferais, tu ferais, etc. ***Prés. du Subj.*** Que je fasse, que tu fasses, etc. Les composés ***Contrefaire***, ***Défaire***, ***Refaire***, ***Surfaire*** et ***Satisfaire*** se conjuguent de même.

FRIRE n'a que les personnes et les temps suivants : ***Prés. de l'Indic.*** Je fris, tu fris, il frit; point de pluriel. ***Futur.***

Je frirai, tu friras, etc. *Condit.* Je frirais, tu frirais, etc. *Impératif.* Fris; point de pluriel. Plus les temps composés.

JOINDRE. Joignant. Joint. Je joins. Je joignis.

LIRE. Lisant. Lu. Je lis. Je lus.

LUIRE. Luisant. Lui. Je luis. — Luire n'ayant pas de *Passé déterminé*, n'a point d'*Imparf. du Subj.*

MAUDIRE. Maudissant. Maudit. Je maudis. Je maudis.

METTRE. Mettant. Mis Je mets. Je mis.

MOUDRE. Moulant. Moulu. Je mouds. Je moulus.

NAÎTRE. Naissant. Né. Je nais. Je naquis. — Naître prend l'auxiliaire *être* dans ses temps composés.

NUIRE. Nuisant. Nui. Je nuis. Je nuisis.

PAÎTRE. Paissant. Je pais. Paître a tous les dérivés de ses trois temps primitifs : *Prés. de l'Indic.* Je pais, tu pais, il paît, nous paissons, etc. *Imparf. de l'Indic.* Je paissais, etc. *Futur.* Je paîtrai, etc. *Condit.* Je paîtrais, etc *Impératif.* Paissez. *Prés. du Subj.* Que je paisse, etc.

RÉPONDRE. Répondant. Répondu. Je réponds. Je répondis.

RÉSOUDRE. Résolvant. Résolu. Je résous. Je résolus.

RIRE. Riant. Ri. Je ris. Je ris.

ROMPRE. Rompant. Rompu. Je romps. Je rompis.

PRENDRE. Prenant. Pris. Je prends. Je pris. *Prés. de l'Indic.* Je prends, tu prends, il prend, nous prenons, vous prenez, ils prennent. *Prés. du Subj.* Que je prenne, que tu prennes, qu'il prenne, que nous prenions, que vous preniez, qu'ils prennent.

SUFFIRE. Suffisant Suffi. Je suffis. Je suffis.

SUIVRE. Suivant. Suivi. Je suis. Je suivis.

TAIRE. Taisant. Tu. Je tais. Je tus.

TRAIRE. Trayant. Trait. Je trais.

VAINCRE. Vainquant. Vaincu. Je vaincs. Je vainquis. *Prés. de l'Indic.* Je vaincs, tu vaincs, il vainc, nous vainquons, vous vainquez, ils vainquent. Les autres temps se conjuguent régulièrement selon les temps primitifs. Le singulier du *Présent* et de l'*Imparfait de l'Indicatif* est peu usité.

VIVRE. Vivant. Vécu. Je vis. Je vécus.

Pour beaucoup d'autres verbes également difficiles à conjuguer, voir le livre des exercices.

CHAPITRE SIXIÈME.

DE L'ADVERBE, DE LA PRÉPOSITION, DE LA CONJONCTION ET DE L'INTERJECTION.

De l'Adverbe.

87. L'adverbe est un mot qui modifie le sens d'un verbe, d'un adjectif ou d'un autre adverbe : *L'Évangile est écrit* SIMPLEMENT ; *mais* QUE *sa doctrine est sublime! on la médite* TROP PEU. *Simplement* modifie le verbe *est écrit ; que*, l'adjectif *sublime ; trop*, l'adverbe *peu ; trop peu*, le verbe *médite*. *Simplement, que, trop* et *peu*, sont donc des adverbes ([1]).

88. On nomme *locution adverbiale* un assemblage de mots remplissant l'office de l'adverbe : *Au hasard*, — *sur le champ*, — *tour-à-tour*, — *tout à la fois*, — *à tort et à travers*, — *sens dessus dessous*.

---

(1) Outre un grand nombre d'adverbes terminés par *ment*, et formés d'un adjectif, comme : *Sagement, poliment, agréablement*, etc., qui viennent de *sage, poli, agréable*, etc., les adverbes les plus usités sont : *Ailleurs, alentour, alors, assez, aujourd'hui, auparavant, auprès, aussi, aussitôt, autant, autrefois, autrement, beaucoup, bien, bientôt, combien, comment, davantage, dedans, dehors, déjà, demain, désormais, dessous, dessus, dorénavant, encore, enfin, ensemble, ensuite, fort, guère, hier, ici, jadis, jamais, là, maintenant, même, mieux, moins, ne, où, pas, partout, point, peu, plutôt, presque, quelque, que* (mis pour *combien*), *si* (mis pour *aussi*), *tellement, souvent, tant, tantôt, tard, toujours, tout, très, trop, volontiers, y* (mis pour *ici, là*).

De la Préposition.

89. La préposition est un mot qui sert à exprimer les rapports que les mots ont entre eux. Par exemple, quand je dis : *Demeurer* CHEZ *sa mère* ; *chez* marque un rapport de lieu entre ces mots : *demeurer* et *sa mère*. *Travailler* POUR *sa mère ; pour* marque un rapport de but, d'intention entre ces mots : *travailler* et *sa mère*. *Travailler* AVEC *sa mère ; avec* marque un rapport d'union entre ces mots : *travailler* et *sa mère*. Ces mots *chez*, *pour*, *avec* sont des prépositions (1).

90. On nomme *locution prépositive* des mots dont l'ensemble a le sens d'une préposition : *A l'égard de*, — *jusqu'à*, — *par rapport à*.

De la Conjonction.

91. La *conjonction* est un mot qui sert à lier entre eux les différents membres d'une phrase. Si je disais : *Profitez du temps, il s'enfuit, ne revient point, vous perdiez votre jeunesse, croyez, vous prépareriez des regrets à votre vieillesse*, ce seraient là autant de membres de phrase détachés qui n'offriraient aucun sens. Pour les lier ensemble, et en former une phrase, il suffit d'y joindre certains mots : *Profitez du temps*, CAR *il s'enfuit* ET *ne revient point*. SI *vous perdiez votre jeunesse, croyez* QUE *vous prépareriez des regrets à votre vieillesse*. Les mots *car*, *et*, *si*, *que* sont des conjonctions (2).

---

(1) Les prépositions les plus usitées sont : *A, après, attendu, avant, avec, chez, contre, dans, de, depuis, derrière, dès, devant, durant, en, entre, envers, hormis, hors, malgré, moyennant, nonobstant, outre, par, parmi, pendant, pour, sans, sauf, selon, sous, suivant, sur, touchant, vers, vis-à vis.*

(2) Les conjonctions les plus usitées sont : *Ainsi, car, cependant, comme, donc, et, lorsque, mais, néanmoins, ni, or, pourtant, quand, quoique, sinon, si, etc.*

92. On appelle *locution conjonctive*, une réunion de mots ayant le sens d'une conjonction : *Tandis que*, *attendu que*, *par conséquent*.

De l'Interjection.

93. L'*interjection* est un mot qu'on jette dans le discours, pour exprimer une affection vive et subite de l'âme : *Ah! hélas! aie! fi! chut! courage! ô! ho! holà! eh bien!*

94. On nomme *locution interjective* des mots qui, dans leur ensemble, ont le sens d'une interjection : *Hé bien donc!* — *Est-il possible!*

SECONDE PARTIE.

DE LA SYNTAXE.

95. On appelle *Syntaxe* la réunion des règles qu'on doit suivre, en joignant les mots ensemble pour en former des phrases.

CHAPITRE PREMIER.

DU NOM.

Du genre de quelques Noms.

96. Le mot *aide*, signifiant secours, assistance, est féminin : *Accordez-moi votre aide* PUISSANTE, *ô mon Dieu.* Ce même mot, signifiant une personne qui aide, prend le genre de cette personne : *Cet homme est* UN BON *aide. — Dieu voyant qu'Adam était seul, dit : Donnons-lui* UNE AIDE.

97. *Aigle*, oiseau, est masculin : UN GRAND *aigle. Aigle*, enseigne ou armoirie, est féminin : *Les aigles* IMPÉRIALES.

98. Les mots *amour*, *délice* et *orgue* sont masculins au singulier, et féminins au pluriel : UN *amour* PUR, *de* FOLLES *amours ;* — UN VRAI *délice, de* SAINTES *délices ;* — UN *orgue* COMPLET, *de* BELLES *orgues.*

99. Le mot *vapeur* est féminin dans sa signification ordinaire ; mais on le considère aujourd'hui comme masculin, quand il désigne un navire mû par la vapeur. CE *vapeur marche à* TOUTE *vapeur.*

100. *Couple*, indiquant seulement deux êtres, est féminin : UNE *couple de plumes*. Il est masculin, lorsqu'il exprime une union particulière entre ces deux êtres : UN *couple d'amis.* — UN *couple de pigeons suffit pour peupler une volière.*

101. *Trompette* (instrument) et *enseigne* (drapeau) sont du féminin; mais ces mêmes noms sont masculins, quand ils désignent celui qui joue de la trompette, ou qui porte le drapeau : UN BON *trompette tire des sons agréables même d'*UNE MAUVAISE *trompette.* — *L'enseigne de ce vaisseau est* GLORIEUX *de* LA BELLE *enseigne qu'il porte.*

102. *Orge*, espèce de blé, est féminin, excepté dans *orge* PERLÉ, *orge* MONDÉ.

103. *Foudre* est féminin quand il désigne le tonnerre. LA *foudre est* TOMBÉE *sur notre clocher*. Il est masculin dans toutes ses autres acceptions : UN *foudre d'éloquence*, UN *foudre de guerre.*

104. *Hymne*, qu'on chante à l'église, est du féminin : *Les hymnes de Noël sont* TOUTES *fort* BELLES. Hors de là, il est masculin : UN *hymne* GUERRIER.

105. *Enfant* est masculin ou féminin, selon qu'il désigne un garçon ou une fille : *Louis est* UN JOLI *enfant.* — *Marie est* UNE *enfant* CHARMANTE. — Plusieurs autres noms, tels que *auteur, poète, témoin*, se disent aussi d'un homme et d'une femme; mais ceux-ci veulent leurs adjectifs au masculin, lors même qu'ils désignent une femme : *Madame de Sévigné est* UN *prosateur* DISTINGUÉ.

106. *Quelque chose*, pronom indéfini, signifiant *une certaine chose*, est du masculin : *J'ai vu quelque chose de* CURIEUX. Mais quand il signifie *quelle que soit la chose*, il est

du féminin : *quelque chose qu'il m'ait* DITE, *je n'ai pas cédé.*

107. Le mot *personne*, employé comme nom, est féminin : UNE *personne* PIEUSE ; mais comme pronom indéfini, il est masculin : *Personne n'est venu.*

108. Le mot *gens* veut au féminin les adjectifs ou les participes qui le précèdent, et au masculin ceux qui le suivent : *Les* VIEILLES *gens sont* SOUPÇONNEUX. Il faut excepter l'adjectif *tout* qui, quoique placé avant *gens*, reste au masculin : 1° Lorsqu'il est le seul adjectif qui précède *gens ;* ainsi on dira : Tous *les gens qui pensent bien ;* mais on dirait : TOUTES *les* VIEILLES *gens ;* 2° lors même qu'il y a un autre adjectif, pourvu que cet adjectif n'ait qu'une seule terminaison pour les deux genres : *Tous les honnêtes gens.*

Le mot *gens* est toujours masculin lorsqu'il est réuni, par la préposition *de*, à un autre mot avec lequel il forme comme une expression composée ; par exemple : *Certains gens de lettres*, *tous les gens de loi.*

Du nombre de quelques Noms.

109. Il y a des noms qui ne s'emploient qu'au singulier, tels sont : *L'activité*, *le zèle*, *la modestie*, *l'adolescence*, *la vieillesse*, etc. D'autres noms ne s'emploient qu'au pluriel, tels sont : *Les matériaux, les mœurs*, *les ténèbres, les annales*, *les arrhes*, *les frais, les décombres*, *les pleurs, les vivres*, *les vêpres, les entrailles, les funérailles*, *les obsèques,* etc.

110. Les noms propres ne prennent pas la marque du pluriel : *Les deux* RACINE, *père et fils.* Mais lorsqu'ils sont employés comme noms communs, ils prennent la marque du pluriel : *Tous les siècles n'ont pas des* RACINES, c'est-à-dire, des poètes comme Racine. Ils prennent encore la marque du pluriel quand ils désignent une dynastie, une famille : *Les Stuarts, les Guises*, etc.

111. Parmi les noms empruntés aux langues étrangères, quelques-uns prennent la marque du pluriel, tels sont : *Des bravos, des trios, des numéros, des zéros, des factums, des pensums, des factotums, des spécimens, des impromptus, des accessits*. D'autres, au contraire, ne changent point au pluriel, tels sont : *Des alibi, des alinéa, des errata, des in-folio, des ex-voto, des post-scriptum, des quiproquo, des pater, des ave, des vivat.*

112. Les mots invariables de leur nature ne prennent point la terminaison du pluriel : *Les* OUI *et les* NON, *les* POURQUOI *et les* PARCE QUE.

113. *Ciel* de lit, de tableau, fait *ciels* au pluriel, mais *ciel*, paradis, voûte céleste, fait *cieux*. — *OEil-de-bœuf* (fenêtre ronde), fait *œils-de-bœuf; œil* de la tête, du fromage, du bouillon, du pain, fait *yeux*. — *Aïeul* fait *aïeux*, s'il désigne les ancêtres en général, et *aïeuls*, s'il ne désigne que le grand-père paternel et le grand-père maternel.

114. Dans les noms que l'on appelle *composés*, parce qu'en effet ils sont composés de plusieurs mots, tels que *plate-bande, entre-deux*, ceux de ces mots qui ne sont ni noms ni adjectifs, ne prennent jamais la marque du pluriel ; mais ceux qui sont ou noms ou adjectifs la prennent, quand le nom composé est au pluriel. Ex. : *Des passe-partout, des garde-manger, des ouï-dire, des on-dit;* ici les deux mots, dont est formé le nom composé, ne sont ni noms ni adjectifs, aussi ne prennent-ils ni l'un ni l'autre la marque du pluriel. *Des avant-coureurs, des sous-maîtresses, des vice-rois*; ici, le second mot est un nom, et, par conséquent, il prend la marque du pluriel. *Des chefs-lieux, des coffres-forts, des sourds-muets;* dans ces exemples, les deux mots prennent la marque du pluriel, parce que l'un et l'autre sont noms ou adjectifs.

Cependant il y a encore des exceptions à cette règle :

115. 1° Quelquefois le sens exige qu'un nom, dans un

mot composé, reste au singulier, quoique le mot composé soit au pluriel. Ainsi l'on écrira : *Des Hôtels-Dieu*, c'est-à-dire des hôtels de Dieu ; *des appuis-main*, c'est-à-dire des appuis pour la main.

Quelquefois, au contraire, le sens veut qu'un nom soit mis au pluriel, lors même que le nom composé dont il fait partie est au singulier. Ex. : *Un porte-mouchettes,* le même plateau porte les deux pièces des mouchettes.

116. Quand les mots qui forment un nom composé sont unis par une préposition, le premier seul prend la marque du pluriel. Ainsi l'on écrit : *Des ciels-de-lit*, *des chefs-d'œuvre, des arcs-en-ciel*. Cependant le sens exige parfois que le premier nom reste au singulier. Ainsi l'on écrit : *Des coq-à-l'âne*, *des tête-à-tête*.

117. Quelquefois deux noms sont réunis par une préposition, de manière à former en quelque sorte un nom composé, sans qu'il y ait pourtant aucun trait-d'union entre eux, comme : *Eau de laitue, huile d'olive*, *marchand de papier*. Dans ce cas, le second nom se met au pluriel, quand il est pris dans un sens particulier, et qui réveille en même temps l'idée de plusieurs choses distinctes ; par exemple : *Un paquet d'herbes médicinales*, *un marchand de plumes* (*à écrire*) *;* mais ce second nom reste au singulier, quand il est pris dans un sens vague et indéterminé, ou qui ne réveille l'idée que d'une seule chose, par exemple : *Un paquet d'herbe*, *un marchand de plume* (*pour lit*).

CHAPITRE DEUXIÈME.

DE L'ARITCLE.

118. L'article ne s'emploie que devant un nom qui indique ou la totalité des êtres auxquels il convient : *Les hommes;* ou une classe distincte de ces êtres : LES *hommes que j'ai vus;* ou enfin un de ces êtres en particulier : L'*homme dont je vous parle.*

119. On répète ordinairement l'article devant chaque nom commun. Il est donc plus régulier de dire : LE PÈRE, LA *mère et* LES *sœurs de cet enfant*, que de dire *les père, mère et sœurs de cet enfant.*

120. Il est également mieux de répéter l'article devant les adjectifs qui ne qualifient pas le même nom. Ainsi, on devra dire : *Étudiez* L'*ancienne et* LA *nouvelle division de la France,* parce que *ancienne* et *nouvelle* qualifient deux divisions différentes; mais on doit dire, sans répéter l'article : *Les hautes et superbes pyramides d'Égypte ont défié la puissance du temps,* parce que *hautes* et *superbes* qualifient les mêmes pyramides (1).

121. On supprime l'article devant les noms pris dans un sens indéterminé : *Une croix d'or* (2) et non pas : *Une croix de l'or,* parce que ici rien n'indique qu'il s'agisse d'un or particulier; mais on dira : *Une croix de* L'*or le plus pur*, parce que le mot *or* est déterminé par ce qui suit.

De même on emploie la préposition *de*, et non l'article,

(1) Ces deux dernières règles doivent s'entendre de l'adjectif déterminatif comme de l'article.

(2) On ne dit pas: *Une croix en or, une table en marbre*, etc.

devant un nom complément direct d'un verbe actif accompagné d'une négation : *Je ne mange pas* DE *fruit*. Cependant on emploierait l'article si le nom était clairement déterminé : *Je ne mange pas* DES *fruits de ce jardin*.

Après un collectif ou un adverbe de quantité, on supprime également l'article, à moins que le nom ne soit déterminé par ce qui suit; ainsi on dira : *Il me reste peu* DE *papier*, et l'on dirait : *Il me reste peu* DU *papier que vous m'avez donné*.

Enfin, on supprime l'article, et l'on emploie simplement *de* devant un nom indéterminé précédé d'un adjectif. Ainsi on dira : *J'ai* DE *bonnes plumes*, et non pas : DES *bonnes plumes*.

122. On emploierait l'article, et non pas seulement la préposition, devant un nom précédé d'un adjectif, si l'adjectif et le nom ne formaient pour ainsi dire qu'un seul mot : *Des petits-maîtres, des grands hommes*, etc.

123. On emploie *le, la, les* devant *plus, mieux, moins*, quand ces mots sont suivis d'un qualificatif et qu'ils expriment une comparaison, ainsi on dira : *La Flandre est la province de France* LA *mieux cultivée*, parce qu'ici *mieux* est suivi du qualificatif *cultivée*, et qu'il y a comparaison entre la Flandre et les autres provinces. Mais on dirait : *Cette terre rapporte peu, lors même qu'elle est* LE *mieux cultivée*, parce que *mieux* exprime ici un superlatif et non une comparaison ; de même on dirait : *Ces terres sont celles que l'on cultive* LE *mieux*, parce que *mieux* n'est pas suivi d'un qualificatif; LE forme alors avec *plus, mieux, moins* une locution adverbiale.

CHAPITRE TROISIÈME.

DE L'ADJECTIF.

Des Adjectifs qualificatifs.

124. L'adjectif, comme on l'a vu, s'accorde généralement avec le nom ou le pronom auquel il se rapporte : *Une bonne mère, des filles pieuses.*

125. Si un même adjectif qualifie à la fois deux noms ou deux pronoms, il se met au pluriel : *Son voile et son bonnet étaient* BLANCS. Si les noms ou les pronoms sont de différents genres l'adjectif se met au masculin : *Des rivières et des fleuves* DÉBORDÉS. Dans ce cas, il est mieux de mettre le nom masculin le dernier.

126. Quoiqu'un nom soit qualifié par deux adjectifs, il ne doit pas pour cela se mettre au pluriel, ainsi on ne dira pas : *Les langues française et anglaise.* Il vaut mieux répéter le nom et dire : *La langue française et la langue anglaise.* Cependant l'Académie elle-même emploie souvent la première locution.

127. Un adjectif qualificatif ne peut avoir place dans une phrase, qu'autant qu'il se rapporte sans équivoque à un nom ou à un pronom exprimé dans cette phrase. On ne dira donc pas : FIÈRE *de mon baptême, mon désir est d'en être digne,* car *fière* ne se rapporte ici à aucun nom ou à aucun pronom de la phrase ; il faut : FIÈRE *de mon baptême,* JE *désire m'en montrer digne,* parce que *fière* se rapporte au pronom *je.* Il en est de même du participe. On ne dirait donc pas : *Ayant du goût pour l'étude, je vous donnerai des livres,* parce qu'il y a équivoque ; on ne sait si *ayant* se rapporte à vous ou à

moi. Il faudrait dire : *Comme vous aimez l'étude, je vous fournirai des livres pour vous y livrer.*

128. Quoique *nous, vous*, soient généralement du pluriel, lorsque ces pronoms n'indiquent qu'une seule personne, il faut laisser au singulier le qualificatif qui s'y rapporte : *Marie*, vous *êtes* BÉNIE (et non pas *bénies*) *entre toutes les femmes*. — Nous SOUSSIGNÉ (et non pas *soussignés*), *préfet de* ...

129. Lorsqu'un adjectif suit deux noms unis par la préposition *de*, il doit s'accorder avec celui des deux noms sur lequel porte principalement l'idée de l'adjectif. Ainsi on dira : *Voici un collier de perles bien* BEAU, parce que c'est sur le collier qu'on veut faire porter l'idée de beauté ; mais on dirait : *Voici un collier de perles bien* FINES, parce que l'idée de finesse tombe sur les perles.

130. La règle générale de l'accord de l'adjectif avec le nom ou le pronom auquel il se rapporte, souffre quelques exceptions :

1° *Nu*, *demi*, *excepté*, *supposé*, *passé*, *compris*, etc., placés avant les noms, sont invariables : NU-*tête* (1), DEMI-*heure*, EXCEPTÉ *les dimanches*, SUPPOSÉ *votre venue*, PASSÉ *cette époque*, COMPRIS *celle que j'avais déjà*. Mais, placés après les noms, ces mêmes mots prennent le genre et le nombre de leur nom : *Tête* NUE, *les dimanches* EXCEPTÉS, etc. Cependant le mot *demi* ne prend que le genre du nom et reste toujours au singulier. *Une heure et* DEMIE, *deux heures et* DEMIE, c'est-à-dire deux heures et une *demie;* mais le mot *demi* employé substantivement prend la marque du pluriel : *Cette horloge sonne les quarts et les* DEMIES ;

2° *Ci-inclus, ci-joint* sont invariables dans deux cas : 1° Quand ils sont les premiers mots de la phrase : CI-JOINT

(1) Cependant on écrirait : *Toute* NUE, *la vérité déplaît souvent ;* il en est de même toutes les fois que *nu* est placé devant un nom précédé de l'article ou d'un adjectif déterminatif.

la copie. CI-INCLUS *l'expédition*. 2° Lorsque, étant au milieu d'une phrase, ils se rapportent à un nom qui n'est point précédé de l'article ni d'un adjectif déterminatif : *Vous trouverez* CI-INCLUS *copie de sa lettre ;* mais on dirait : *Vous trouverez* CI-INCLUSE *la copie de sa lettre*.

3° *Feu* s'accorde avec le nom quand il le précède immédiatement, et reste invariable quand il en est séparé par l'article ou par un adjectif déterminatif : *La* FEUE *reine* , FEU *ma sœur*.

131. Les adjectifs composés, lorsque le second figure comme qualificatif du premier, sont tous les deux invariables : *des yeux* BLEU CLAIR , *des étoffes* ROSE TENDRE.

Si le premier des deux adjectifs qui forment un adjectif composé était employé adverbialement, le second seul varierait : *Des vins* NOUVEAU-TIRÉS, *des fleurs* CLAIR-SEMÉES, *des hommes* HAUT-PLACÉS. Cependant par euphonie *frais-cueilli* et *tout-puissant* font au féminin *fraîche-cueillie* et *toute-puissante*.

132. Quand un adjectif modifie un verbe , il devient adverbe et par conséquent invariable : *Ma sœur parle trop* HAUT.— *Cette étoffe coûte* CHER. — *On lui a coupé les cheveux trop* COURT.

133. Un adjectif, placé à la suite de deux noms auxquels il se rapporte également, ne s'accorde cependant qu'avec le dernier, quand ils ont à peu près la même signification , ou bien encore quand ils sont séparés par la conjonction *ou : Une indigence*, *une pauvreté* EXTRÊME. — *Julie est d'une incapacité ou d'une paresse* DÉSOLANTE.

134. Certains adjectifs ne conviennent qu'aux personnes, tels sont : *excusable, inconsolable*, etc. D'autres ne conviennent qu'aux choses, tels sont : *pardonnable , applicable*, etc. Ne dites donc pas : *Vous êtes* PARDONNABLE , *votre faute est* EXCUSABLE ; on excuse une personne, on ne la pardonne pas ; on pardonne une faute , on ne l'excuse pas.

135. Généralement l'oreille et le goût décident seuls de la place qu'il convient de donner à l'adjectif par rapport au nom. Mais il y a plusieurs adjectifs qui changent totalement de signification, suivant qu'ils sont placés avant ou après le nom; par exemple *un brave homme* signifie un homme bon, obligeant; *un homme brave*, un homme qui a de la bravoure; *un homme grand* signifie un homme d'une taille élevée; *un grand homme*, un homme célèbre; *un honnête homme* signifie un homme qui a de la probité; *un homme honnête*, un homme poli; *un pauvre musicien* signifie un musicien sans talent; *un musicien pauvre*, un musicien sans fortune.

Des Adjectifs déterminatifs.

136. Les adjectifs possessifs doivent généralement être remplacés par l'article, quand il n'y a pas lieu à équivoque.

Ainsi on dira : *J'ai* LE *bras cassé* et non pas : *J'ai* MON *bras cassé*. Mais, pour éviter l'équivoque, on devrait dire : *Je crois que* MON *bras est cassé.* Cependant, en certains cas, tel que celui où l'on veut désigner une chose habituelle et connue, l'adjectif possessif peut être conservé. On dirait donc d'une personne dont la maladie habituelle est connue : SA *fièvre la tourmente toujours.*

137. Les adjectifs possessifs se mettent généralement au pluriel, lorsqu'il y a, non seulement plusieurs possesseurs, mais aussi plusieurs objets possédés, à moins que l'objet possédé ne puisse, par sa nature, se mettre au pluriel. Ainsi, on dira : *Les soldats tirèrent* LEURS *sabres*, parce qu'il y avait, non seulement plusieurs soldats, mais aussi plusieurs sabres tirés; mais on dirait : *N'écoutant plus la voix de* LEUR *général, il s'abandonnèrent à* LEUR *rage*, parce qu'il n'y avait qu'un général, et que le mot *rage* ne peut être mis au pluriel.

138. On peut toujours se servir des adjectifs possessifs

son, *sa*, *ses*, *leur*, *leurs*, pour désigner ce qui appartient à un être animé ou considéré comme tel : *Chaque homme a* SES *défauts et* SES *bonnes qualités*. Mais pour employer *son*, *sa*, *ses*, *leur*, *leurs*, en parlant d'une chose qui appartient à un être inanimé, il faut ou que cet être soit le sujet du membre de phrase dont il s'agit, ou que l'adjectif possessif soit précédé d'une préposition. Ainsi, on ne dira pas : *Je connais cette maison*, *j'ai parcouru tous* SES *jardins*, parce que *jardins* appartient à *maison* qui est un être inanimé. Il faut dire : *J'*EN *ai parcouru tous les jardins*. Mais on dira bien : *La Loire a* SON *embouchure dans l'Océan*. — *Je connais cette maison*, *je me suis promené dans tous* SES *jardins*, parce que, dans le premier cas, *son* se rapporte au sujet de la phrase, et que, dans le second, *ses* est précédé de la préposition *dans*.

139. De tous les adjectifs numéraux cardinaux, *vingt* et *cent* sont les seuls qui prennent *s* lorsqu'ils sont au pluriel, c'est-à-dire lorsqu'ils sont multipliés par un autre nombre : *Quatre*-VINGTS, *trois* CENTS ; encore faut-il excepter 1° le cas où ils sont suivis d'un autre nombre : *Quatre*-VINGT-*cinq*, *trois* CENT *dix*; 2° celui où ils sont employés pour *vingtième*, *centième* : *L'an mil sept cent quatre*-VINGT, *la page trois* CENT.

140. Par abréviation, on écrit *mil* au lieu de *mille*, pour exprimer une date : *Louis XIV mourut en* MIL *sept cent quinze*. Cependant on écrit *mille* sans abréviation pour les dates antérieures à l'ère chrétienne : *L'an deux* MILLE *de la création*.

141. L'adjectif numéral *second* peut s'employer dans tous les cas pour désigner l'objet qui suit immédiatement le premier, qu'il doive ou non y en avoir d'autres à la suite; mais *deuxième* ne s'emploie que dans le cas où il y a un troisième.

142. Généralement, *nul* et *aucun*, signifiant *pas un*, ne s'emploient point au pluriel. Ainsi on ne dira pas : *nuls*

maux, aucuns bénéfices. Il faut cependant excepter le cas où ils se rapportent à un nom qui n'a pas de singulier dans le sens où il est pris. Ainsi on dira bien : *J'ai fait tout ceci sans* AUCUNS *frais*, parce que le mot *frais* n'a pas de singulier.

143. *Même* est adjectif ou adverbe.

Il est adjectif, et par conséquent s'accorde en genre et en nombre avec son nom : 1° Quand il précède ce nom : *Les* MÊMES *enfants*. 2° Quand il est placé après un article, ou un pronom, ou un seul nom : *Les enfants* MÊMES *la comprennent*. — *Du prince et du berger les cendres sont les* MÊMES. — *Elles nous écrivent elles*-MÊMES.

Il est adverbe, et par conséquent invariable : 1° Quand il est placé après deux ou plusieurs noms : *Les païens adoraient les astres, les animaux, les plantes* MÊME. 2° Quand il modifie un verbe, ou un adjectif, ou un autre adverbe : *Les saints ne cherchaient point les joies du monde, ils les fuyaient* MÊME. — *Les martyrs allaient* MÊME *joyeusement au-devant des supplices*.

144. *Quelque* est assujetti à trois règles, selon qu'il est suivi, soit d'un verbe, soit d'un nom, soit d'un qualificatif quelconque.

1° S'il est suivi d'un verbe, il s'écrit en deux mots séparés : *quel*, adjectif qui s'accorde en genre et en nombre avec le sujet du verbe, et *que*, conjonction : QUELLES QUE *soient vos misères, espérez en Dieu*.

2° *Quelque*, suivi d'un nom ou d'un pronom, est adjectif ; il s'écrit alors en un seul mot, et s'accorde en nombre avec le nom ou le pronom auquel il se rapporte : QUELQUES *vertus que vous pensiez avoir, craignez*. — QUELQUES-*uns sont déjà arrivés*, QUELQUES *autres viendront demain*.

3° Enfin s'il est suivi d'un qualificatif, il s'écrit encore en un seul mot ; mais il devient adverbe, et par conséquent invariable : QUELQUE *puissants que soient les rois de la terre, et* QUELQUE *habilement qu'ils gouvernent, ils ne peuvent échapper à la mort.* Il faut cependant excepter le cas où l'adjectif qui suit *quelque*, est lui-même suivi de son nom, car c'est alors à ce nom que se rapporte *quelque :* QUELQUES *grandes richesses que possédât Salomon, il n'y trouva que vanité.* Ici *quelques* est adjectif.

145. *Tout* est adjectif, et s'accorde, quand il est avant un nom, ou qu'il exprime la totalité de l'objet dont on parle : TOUS *les hommes savent que nous sommes* TOUS *sujets à* TOUTES *sortes d'infirmités.*

Tout est adverbe, et par là même invariable, quand il signifie : *tout à fait, quoique* ou *quelque.* TOUT *honorable et* TOUT *aimable qu'elle est, la vertu n'obtient pas toujours l'amour et le respect des hommes.* Néanmoins, dans le cas où l'adverbe *tout* est suivi d'un adjectif féminin qui commence par une consonne ou une *h* aspirée, il varie, tout en conservant son sens adverbial : TOUTE *hardie qu'elle est, elle n'a pu tenir contre les paroles* TOUTES *simples de sa mère* (1).

146. *Chaque* ne s'emploie qu'immédiatement avant un nom ; ailleurs il faut employer *chacun :* CHAQUE *livre coûte trois francs. —* CHACUN *de ces livres coûte trois francs. — Ces livres coûtent trois francs* CHACUN.

CHAPITRE QUATRIÈME.

DU PRONOM.

147. Les pronoms doivent, comme les adjectifs, s'accorder en genre et en nombre avec les noms dont ils tiennent la place : *Aimez la vertu,* ELLE *vous rendra heureuse. — De*

(1) *Tout* est quelquefois nom commun : *Je prendrai le* TOUT. Il est quelquefois pronom indéfini : *La Providence gouverne* TOUT.

toutes ces fleurs, les VÔTRES *sont les plus belles ; cependant je préfère* CELLES-CI. — *Pardonnons-nous nos défauts;* CHAÇUNE *de nous a* LES SIENS.

148. Il faut éviter d'employer les pronoms de manière à mettre de l'obscurité dans la phrase. Ainsi ne dites pas : *Jacob offrit son présent à Isaac, et* IL LUI *fut si agréable qu'*IL LUI *accorda la bénédiction qu'*IL LUI *demandait.* On eût pu dire : *Jacob offrit son présent à Isaac, et ce présent fut si agréable au vieillard, qu'il accorda à son fils la bénédiction que celui-ci lui demandait.*

149. Les pronoms ne doivent point être employés pour remplacer les noms pris dans un sens indéterminé, c'est-à-dire qui ne sont accompagnés ni de l'article, ni d'aucun adjectif déterminatif. Ainsi on ne dira point : *Vous demandez grâce, sans songer* A LA *mériter.* — *S'il a droit de paraître, qui* LE *lui a donné.* Il en serait autrement si, au lieu de *grâce, droit*, il y avait : *votre grâce, le droit.*

Des Pronoms personnels.

150. Les pronoms personnels, employés comme sujets, se placent ordinairement avant le verbe : J'*aime,* TU *lis.* Excepté : 1° dans les phrases interrogatives et dans quelques phrases exclamatives : *Où suis-*JE? *Est-*IL *bon!* 2° Quand certains verbes sont au subjonctif sans être précédés de la conjonction *que : Puissé-*JE *être sauvé.* 3° Après *aussi, à peine, encore,* etc. : *Aussi sommes-*NOUS *heureux.* Cette dernière exception n'est pas de rigueur. Dans les temps composés, le pronom se place entre l'auxiliaire et le participe : *Votre père est-il parti?*

151. Les pronoms personnels, employés comme compléments, se placent tantôt avant, tantôt après le verbe : *Jésus-Christ* NOUS *a aimés le premier* ; *aimons-*LE *à notre tour.*

152. Un pronom personnel, employé comme complément de plusieurs verbes dans la même phrase, doit être répété pour chacun de ces verbes : *Si Dieu* NOUS *invite, s'il* NOUS

PRESSE *et* NOUS *menace, c'est qu'il* NOUS *aime et veut* NOUS *rendre heureux.* Mais un pronom employé comme sujet, peut souvent être sous-entendu : *Cherchons la grâce ;* ELLE *éclaire, console et sanctifie l'âme.*

153. Le pronom *soi* s'emploie pour un nom de chose inanimée, ou pour un infinitif pris comme sujet ; mais il ne se dit guère des personnes, à moins qu'il ne s'agisse d'un sujet vague et indéterminé, tel que *on*, *quiconque*, etc. : *N'aimer que* SOI, *c'est de l'égoïsme ; mais pourtant on doit songer avant tout à* SOI-*même* ([1]), *quand il s'agit du salut ; car, dans cette affaire, chacun travaille pour* SOI.

154. Les pronoms *lui*, *eux*, *elle*, *elles*, *leur*, ne s'emploient guère, comme compléments indirects, que pour les personnes ; pour les choses, on se sert communément du pronom *en*, pour *de lui*, *d'elle*, etc., et du pronom *y*, pour *à lui*, *à elle*, *dans lui*, *dans elle* : *Cet homme est rusé ; défiez-vous de* LUI. — *Ce pont n'est pas solide ; défiez-vous-*EN. — *Ces enfants sont sages ; je* LEUR *donnerai des récompenses.* — *Ces affaires sont importantes ; j'*Y *donnerai mes soins* ([2]).

155. Les pronoms *le*, *la*, *les*, s'accordent en genre et en nombre avec les noms dont ils tiennent la place, quand ces noms sont déterminés ; mais pour représenter un adjectif ou un nom pris adjectivement, on emploie seulement *le :*

Êtes-vous la malade dont on m'a parlé? Oui, je LA *suis. Madame, êtes-vous malade? Oui, je* LE *suis.* — *Êtes-vous les sœurs de cet enfant? Oui, nous* LES *sommes. Êtes-vous sœurs de cet enfant? Oui, nous* LE *sommes.*

156. *Leur*, pronom personnel, c'est-à-dire employé pour

---

(1) Il est bon de remarquer que *même* ne se dit après *soi* qu'en parlant des personnes.

(2) L'usage dit cependant aussi, en parlant d'un chien : *Ne lui touchez pas ;* mais la règle veut que l'on n'emploie *lui*, *eux*, etc., pour les animaux, comme pour les plantes et les autres choses inanimées, que lorsqu'on ne peut faire autrement.

à eux, *à elles*, est toujours joint à un verbe, et ne prend jamais d'*s* : *Je* LEUR *donnerai des images*. Mais *leur* prend *s* au pluriel, quand il est adjectif ou pronom possessif : *Les hommes doivent se pardonner mutuellement* LEURS *défauts ; tous ont* LES LEURS.

Des Pronoms démonstratifs.

157. Le pronom démonstratif *ce* s'emploie souvent pour *il*, *ils*, *elle*, *elles* : *La richesse n'est pas le bien souverain ;* CE *n'est pas même un bien véritable. Ce* est mis pour *elle.*

158. Le pronom *ce* (1) s'emploie très-souvent devant le verbe *être*, pour donner à la phrase plus de clarté et d'énergie : CE *serait mourir à chaque instant que de vivre dans le péché ; pour le juste, au contraire, mourir* CE *sera commencer à vivre.* Le goût seul en décide ordinairement. Cependant *ce* est de rigueur devant le verbe *être*, lorsque, placé au commencement de la phrase, il y est accompagné d'un pronom relatif. Ainsi ne dites pas : *Ce qui nous importe surtout*, EST *de sauver notre âme ;* mais dites : *C'est de sauver notre âme.*

159. Quand le pronom *ce* est placé devant le verbe être, ce verbe ne se met au pluriel que lorsqu'il est suivi d'un nom pluriel ou d'un pronom de la troisième personne du pluriel : *Ce* SONT *vos enfants ; ce* SONT *eux.* Cependant le verbe *être* resterait au singulier si le nom pluriel qui le suit n'était que le complément indirect d'un autre verbe. C'EST *des Phéniciens, dit-on, que nous est venue l'écriture.*

160. Les pronoms *ceci*, *celui-ci*, *celle-ci*, opposés à *cela*,

(1) Ne confondez pas *ce*, pronom démonstratif, avec *ce*, adjectif démonstratif. *Ce*, pronom, est toujours suivi du verbe *être* ou des pronoms relatifs *qui*, *que*, *dont*, *à quoi* : *C'est la vertu qui rend aimable.* — CE *que vous dites est vrai. Ce*, adjectif, précède toujours un nom : CE *jardin est bien cultivé.* — CE *coteau est d'un aspect charmant.*

celui-là, *celle-là*, désignent les objets les plus proches ou dont on a parlé en dernier lieu : *De ces deux maisons,* CELLE-CI (la plus proche) *est plus belle ;* CELLE-LA (la plus éloignée) *est plus commode.* — *Nous devons habiter successivement la Terre et le Ciel :* CELLE-LA, *quelques années seulement;* CELUI-CI, *toujours.*

Des Pronoms possessifs.

161. Les pronoms possessifs doivent toujours se rapporter à un nom énoncé précédemment. Il n'est donc pas exact de commencer une lettre par ces mots : *J'ai reçu la* VÔTRE *en date de...* On ne dirait pas mieux : *J'ai reçu votre* HONORÉE ; on doit dire : *J'ai reçu votre lettre*, *votre honorée lettre...*

162. Les pronoms *le mien*, *le tien*, etc., ne se mettent seuls et sans noms auxquels ils se rapportent, que dans le cas où ils sont eux-mêmes employés comme noms : LE MIEN *et* LE TIEN *sont la source de bien des querelles.* — *Êtes-vous* DES NÔTRES ?

Des Pronoms relatifs.

163. Le pronom relatif prend toujours le genre, le nombre et la personne de son antécédent. Ex. : *Ceux* QUI *sont sages ; qui* est au masculin pluriel comme son antécédent *ceux.* — *La lettre* QUE *j'ai écrite ; que* est au féminin singulier comme son antécédent *lettre.*

Il est quelquefois très-facile de se méprendre sur l'antécédent des pronoms relatifs. Dans cet exemple : *Nous sommes trois qui fûmes bien punies l'autre jour ;* le sens est : *Nous qui fûmes punies l'autre jour, nous sommes au nombre de trois ; qui,* comme on le voit, se rapporte à *nous* et non pas à *trois* qui n'est qu'un adjectif; mais dans cet autre exemple : *Nous sommes les trois qui furent si bien punies l'autre jour ;*

c'est comme s'il y avait : *Les trois élèves qui furent si bien punies, nous les sommes.* Ici *qui* se rapporte à *élèves* ou à un autre nom sous-entendu.

164. Les pronoms *lequel*, *lesquels*, *laquelle*, *lesquelles* s'emploient pour les choses, et souvent aussi pour les personnes ; mais *qui*, précédé d'une préposition, ne s'emploie que pour les personnes : *Le bâton sur* LEQUEL *je m'appuie. La personne sur* QUI *je m'appuie.*

165. *Dont* marque la relation : *Le pays* DONT *je parle.* D'*où* marque plus spécialement le lieu : *Le pays d'où je sors.*

166. Il est important de ne pas trop éloigner le pronom relatif de son antécédent. Ainsi on ne dira pas : *Il y a plusieurs pages dans ces manuscrits* QUI *sont illisibles ;* mais bien : *Il y a dans ces manuscrits plusieurs pages qui sont illisibles.*

Des Pronoms indéfinis.

167. Le pronom *on, l'on*, quoique masculin et singulier de sa nature, peut, en certaines circonstances, devenir féminin ou pluriel. Ainsi, une femme dira d'elle-même : *Quand* ON *est demi-*HEUREUSE, L'ON *serait bien* INSENSÉE *de se plaindre;* et l'on dirait : *Quand* ON *est* SŒURS, ON *doit être* UNIES.

Au commencement d'une phrase il faut préférer *on* à *l'on ;* mais ailleurs l'oreille seule décide du choix. On dirait mal : *Quand viendra le jour où* ON *verra une paix parfaite, si jamais* L'ON *la voit?* Il vaudrait mieux dire : *Quand viendra le jour où* L'ON *verra une paix parfaite, si jamais* ON *la voit?*

168. *Chacun*, précédé d'un pluriel, veut tantôt *son, sa, ses* et tantôt *leur, leurs.* Il veut *son, sa, ses* quand il suit le complément direct : *Dans une ruche, toutes les abeilles servent l'état, chacune à* SA *manière.* Il veut *leur, leurs,* lorsqu'il précède le complément direct : *Les Mages appor-*

tèrent chacun LEUR *offrande au Sauveur.* Il veut encore ordinairement *leur*, *leurs* lorsque le verbe n'a point de complément direct : *Ici-bas les hommes travaillent, chacun pour* LEUR *éternité.*

Lorsque *chacun* n'est point précédé d'un pluriel, il veut toujours *son*, *sa*, *ses* et non pas *leur*, *leurs* : *Chacun a* SES *défauts.* — *Dieu rendra à chacun selon* SES *œuvres.*

169. *L'un et l'autre*, *les uns et les autres* expriment simplement la pluralité : *L'obéissance et la charité sont* L'UNE *et* L'AUTRE *bénies de Dieu.*

L'un l'autre, *les uns les autres* expriment une idée de réciprocité : *Ces deux enfants s'aiment* L'UNE L'AUTRE. Cette idée de réciprocité ne doit pas faire supprimer la préposition que demande le verbe devant son complément; ainsi on dira : *Ces deux personnes se nuisent* L'UNE *à* L'AUTRE et non pas *l'une l'autre.*

CHAPITRE CINQUIÈME.

DU VERBE.

Du sujet et des compléments des Verbes.

§ 1er. — *Du sujet des Verbes.*

170. Tout verbe, à moins qu'il ne soit à l'infinitif, doit avoir un sujet exprimé ou sous-entendu, et tout sujet aussi doit avoir un verbe. Ainsi ne dites pas : *En quoi je vous admire est que vous ne perdez pas patience;* car le verbe *est* n'a point ici de sujet. Il fallait : LA CHOSE *en quoi*, ou : CE *en quoi je vous admire.* — Ne dites pas : *Profitez de la grâce* QUI, *si elle est bien employée, vous en recueillerez des fruits*

délicieux; car le sujet *qui* n'a pas de verbe. Il faut : ***Profitez de la grâce qui, si elle est bien employée, vous* PROCURERA *des fruits délicieux;*** ou mieux : ***Profitez de la grâce; bien employée, elle vous procurera des fruits délicieux.***

171. Le sujet ne doit pas communément être répété pour le même verbe. On ne dira donc point : JUDAS, ***ayant vendu son maître,*** IL ***le livra à ses ennemis;*** le pronom ***il*** est de trop. Cependant on répète quelquefois le sujet pour donner plus de force à l'expression. Ainsi on dirait : MOI, JE ***le veux.*** TOI, TU ***ferais cela!***

172. Le verbe, comme on l'a déjà vu, prend le nombre et la personne de son sujet : ***Jacob*** VIT ***des Anges qui*** DESCENDAIENT ***du Ciel et y*** REMONTAIENT.

173. Si le sujet est composé de plusieurs noms, de plusieurs pronoms, ou de plusieurs infinitifs, le verbe se met généralement au pluriel : ***Joseph et Marie partirent pour Bethléem.***

Cependant le verbe reste au singulier. 1° Quand les différents noms qui composent son sujet, ont à peu près la même signification et que le dernier de ces noms est du singulier : ***Leur indigence, leur misère n'*EXCITA *nullement l'intérêt.***

2° Quand les mots qui composent le sujet sont séparés par la conjonction *ou*, et que le dernier de ces noms est du singulier : ***La mauvaise disposition des habitants ou plutôt une permission particulière de la Providence, ne leur* LAISSA *d'autre asile qu'une étable.*** Dans ce cas néanmoins, il faut excepter la circonstance où ces mots ne seraient pas de la même personne : ***Ma sœur ou moi* IRONS *vous voir,*** et celle où la conjonction ***ou*** aurait le sens de ***et : Manger, s'amuser ou dormir* OCCUPENT *tous les moments du paresseux.***

3° Quand les noms qui composent le sujet sont placés par gradation et que le dernier est au singulier : ***Marie se fût reproché une action, une pensée, un désir même qui n'*EÛT *pas tendu à Dieu. Ce sacrifice, votre intérêt, votre honneur, Dieu l'*EXIGE.***

4° Enfin, le verbe reste au singulier, quand le dernier mot, nom ou pronom, offre le résumé de tous les autres : *La mer, les forêts, les va lons et les plaines, tout* A *ses habitants.*

174. Un verbe qui a, pour sujet, plusieurs noms ou plusieurs pronoms de différentes personnes, doit se mettre au pluriel et s'accorder avec celle de ces personnes qui a la priorité ; or la première a la priorité sur la deuxième, et celle ci, sur la troisième. Mais la politesse française veut que la première personne ne se nomme jamais que la dernière, et que l'on nomme généralement celle à qui l'on parle avant celle dont on parle. Ex. : *Vous et moi* MOURRONS *un jour.* — *Vous et votre sœur* ÊTES *bien unies.*

175. Quand deux sujets, noms ou pronoms, sont unis par une des conjonctions *comme*, *ainsi que*, *aussi bien que*, ou tout autre mot ayant le même sens, le verbe ne s'accorde qu'avec le premier sujet, le second étant sujet d'un verbe sous-entendu : *L'oignon*, *comme la graine*, RENFERME *une plante en raccourci.*

176. Le verbe se met au pluriel lorsqu'il a pour sujet *l'un et l'autre : L'un et l'autre* SONT *dignes de récompense.* Le verbe se met également au pluriel lorsqu'il a pour sujet *ni l'un ni l'autre*, à moins que les deux sujets joints par *ni* ne puissent faire ensemble l'action exprimée par le verbe : *Ni Julie ni sa sœur ne s'*APPLIQUENT ; *ni l'une ni l'autre n'*OBTIENDRA *le premier prix.* Dans le premier cas, l'action de *s'appliquer* peut être faite par les deux sujets ; dans le second, une seule peut *obtenir* le prix.

177. Quand le sujet du verbe est un collectif, il faut examiner avant tout si ce collectif est *général*, ou s'il est *partitif.*

Le collectif général est celui qui exprime soit la totalité, soit une partie déterminée des personnes ou des choses dont on parle, comme dans ces phrases : LE NOMBRE *des personnes invitées* ÉTAIT *de vingt.* — LA MOITIÉ *des curieux ne* PUT *entrer.* Ici *le nombre* comprend toutes les personnes invitées, et *la moitié*, tous les curieux dont on veut parler. Le collectif partitif, au contraire, est celui qui n'exprime qu'une partie indéterminée des personnes ou des choses dont on parle, comme dans ces phrases : Un GRAND NOMBRE *des personnes invitées ne se sont pas* RENDUES. — UNE FOULE *de curieux* FURENT ATTRAPPÉS, *car* BEAUCOUP *d'entre eux ne* PURENT *entrer.* Ici *un grand nombre* n'indique qu'une partie indéterminée des personnes invitées, et *une foule, beaucoup*, qu'une partie des curieux. On reconnaît les collectifs partitifs à ce qu'ils peuvent être remplacés par quelqu'un des adverbes : *Peu, assez, beaucoup, trop.*

Comme on le voit dans ces exemples, quand le collectif est général, c'est avec ce collectif que le verbe doit s'accorder. Au contraire, quand il est partitif, c'est avec le nom suivant que doit s'accorder le verbe (1).

178. Quelquefois le sujet est sous-entendu du moins en partie; mais l'esprit y supplée, et fait accorder le verbe comme si le sujet était entièrement exprimé : *On instruit les enfants, mais peu* TRAVAILLENT *avec ardeur*, c'est-à-dire *peu des enfants.*

179. Dans ces mots : *Mon peu de, le peu de, etc.*, suivis d'un nom, quelquefois *peu* signifie l'absence, le manque, et alors c'est sur ce mot *peu* que tombe l'idée du verbe, et par conséquent c'est avec ce mot *peu* que le verbe doit s'accorder : *Son peu de ressources* (*le manque de ressources*) *l'*EMPÊCHE *de faire de grandes aumônes.* Quelquefois *peu* exprime une petite quantité, et alors c'est sur le mot suivant que tombe

(1) Dans ce cas, c'est le sens des mots, plutôt que les mots eux-mêmes, qui règle l'accord du verbe. Au lieu de s'arrêter à la forme singulière : *Un grand nombre, une foule*, on considère que ces mots expriment l'idée du pluriel *beaucoup plusieurs*, et c'est avec cette idée que l'on fait accorder le verbe. On appelle *syllepse*, cette manière exceptionnelle de faire accorder un verbe avec son sujet idéal, plutôt qu'avec son sujet grammatical.

l'idée du verbe, et c'est avec ce mot, et non avec *peu*, que le verbe doit s'accorder : *Le peu de dépenses* (*les petites dépenses*) *qu'elle fait* ABSORBENT *toutes ses ressources* (1).

§ 2e. — *Du Complément des Verbes.*

180. Un verbe ne peut avoir deux compléments directs différents. Ainsi ne dites pas : *Informez*-vous CE *qui en est*, car *vous* et *ce* seraient l'un et l'autre complément direct de *informez*. Il faut : *Informez*-vous *de ce qui en est*.

181. Un verbe ne doit pas non plus avoir deux compléments indirects pour exprimer le même rapport. On ne dira donc pas : *C'est* A VOUS A QUI *je parle*, il faut dire : *C'est* A vous *que je parle*, ou *c'est vous* A QUI *je parle* (2). Mais un verbe peut avoir deux compléments indirects pour exprimer deux rapports différents. Ex. : *Parlez* DE DIEU A CES ENFANTS.

182. Le même mot peut servir de complément à plusieurs verbes, pourvu qu'aucun de ces verbes ne demande de préposition devant ce complément ou que tous demandent la même. Ainsi on dira : *Une enfant bien née aime et honore ses parents.* — *Le fou rit et parle de tout*, parce que *aime* et *honore* ne veulent point de préposition après eux, et que *rit et parle* demandent tous les deux la préposition *de*. Mais on ne dirait point : *Une des élèves s'empara et cacha le livre*, parce que *s'empara* demande la préposition *de*, et que *cacha* n'en veut point ; il faut : *Une des élèves s'empara du livre et le cacha*.

Cette règle s'applique également aux adjectifs et aux prépositions. On ne dirait donc pas : *Elle est* SENSIBLE *et* RECONNAISSANTE *de la confiance que vous lui témoignez. J'ai*

---

(1) On reconnaît que *le peu* est mis pour *petite quantité*, lorsque, en le retranchant, on ne change pas le sens de la phrase.

(2) Remarquez qu'on ne dirait pas non plus : *C'est* ICI *où je demeure*. il faut : *C'est* ICI *que je demeure* parce qu'on ne doit pas employer deux adverbes pour exprimer le même rapport.

laissé mon mouchoir SUR *ou* A CÔTÉ *de mon lit*, parce que *sensible* demande la préposition *à* et *reconnaissante* veut *de; sur* rejette la préposition *de* et *à côté* l'exige.

183. Quand un verbe a un complément direct et un complément indirect, le plus court doit être placé le premier; mais si ces compléments sont d'égale longueur, il vaut mieux placer le complément direct le premier. Ainsi, il faut dire : *Portez-le-lui*, *donnez-les-lui* et non pas : *Portez-lui-le*, *donnez-lui-les*.

Emploi des Auxiliaires.

184. Les verbes *avoir* et *être* sont appelés auxiliaires lorsqu'ils sont joints aux participes passés. Généralement *avoir* s'emploie pour exprimer l'action : J'AI *marché;* et *être*, pour exprimer l'état : *Cette fleur* EST *éclose.*

185. Tous les verbes actifs se conjuguent avec l'auxiliaire *avoir*. Mais parmi les verbes neutres, quelques-uns se conjuguent toujours avec *être*, tels sont : *Aller*, *arriver*, *décéder*, *éclore*, *entrer*, *mourir*, *naître*, *venir*, *parvenir*, *revenir*, *intervenir*, *etc.*

186. D'autres verbes neutres prennent toujours *avoir*, tels sont : *Contrevenir*, *dormir*, *exister*, *languir*, *marcher*, *paraître*, *périr*, *succéder*, *vivre*, *etc.*

187. Enfin, certains verbes neutres prennent *être* quand ils expriment l'état, et *avoir* quand ils expriment l'action. Tels sont : *Croître*, *décroître*, *dégénérer*, *descendre*, *disparaître*, *échoir*, *empirer*, *grandir*, *passer*, *etc.* Ainsi, on dira : *La rivière* A CRÛ *rapidement*, parce que ici *croître* exprime l'action ; et l'on dirait : *La rivière est crue*, pour marquer l'état actuel de la rivière.

188. Certains verbes neutres changent de signification en changeant d'auxiliaire.

189. *Convenir* conjugué avec *avoir* signifie *être convenable : Cette maison ne m'*A *point* CONVENU. Conjugué avec

être, *convenir* signifie *demeurer d'accord, faire une convention : Il* EST CONVENU *de ses torts. Nous* SOMMES CONVENUS *de partir ensemble.*

190. Quand *expirer* signifie *mourir*, il se conjugue avec *avoir : Cet enfant* A EXPIRÉ *dans les bras de sa mère.* Il se conjugue avec *être* pour exprimer une époque arrivée à son terme : *La trêve* EST EXPIRÉE. *Ce temps* EST EXPIRÉ.

EMPLOI DES MODES ET DES TEMPS.

Emploi de l'Infinitif.

191. L'infinitif peut s'employer comme sujet ou comme complément : *Désirons nous* SAUVER, *car nous* SAUVER *sera toujours notre grande affaire.* Dans le premier cas, *sauver* est le complément de *désirons*, dans le second, il est le sujet de *sera;* l'infinitif peut encore s'employer comme attribut : *Servir Dieu*, *c'est* RÉGNER.

192. Certains verbes, tels que : *Aimer, aider, s'attendre, autoriser, consentir, encourager, exhorter, habituer, hésiter, penser, renoncer, etc.*, demandent la préposition *à* devant les infinitifs qui leur servent de compléments. D'autres verbes, tels que : *Appréhender*, *craindre*, *désespérer*, *différer*, *etc*, demandent la préposition *de.* D'autres ne veulent aucune préposition, tels sont : *aimer mieux*, *compter*, *croire*, *daigner, devoir, entendre, faire, falloir, s'imaginer, laisser, oser*, *pouvoir*, *prétendre*, *savoir*, *sentir*, *vouloir, etc.*

193. Quelquefois un infinitif, complément d'un verbe précédent, a lui-même un autre infinitif pour complément; mais il faut éviter d'employer trop d'infinitifs de suite. Ainsi, au lieu de dire : *Est-il possible d'espérer pouvoir faire parvenir cette lettre?* on dira : *Est-il possible d'espérer que l'on puisse faire parvenir cette lettre?*

Emploi des temps de l'indicatif et du conditionnel.

194. Le présent s'emploie quelquefois à la place du passé,

pour rendre la narration plus vive et plus rapide : *A peine a-t-il entendu le signal, qu'aussitôt il* PREND *ses armes et* COURT *à la victoire;* mais, dans ce cas, il faut que tous les verbes de la même phrase qui expriment une idée de passé soient au présent. On ne dirait donc pas : *A peine a-t-il entendu le signal, qu'aussitôt il* PREND *ses armes et* COURUT *à la victoire.*

195. Le passé indéterminé et le passé déterminé peuvent s'employer indifféremment, pour désigner une action faite dans un temps qui est entièrement écoulé : *je l'ai vu* ou *je le vis hier.* Mais pour un temps qui dure encore et même pour celui qui, quoique passé, n'est pas séparé au moins par l'intervalle d'une nuit, on ne peut employer que le passé indéterminé. Ainsi on ne dira pas : *Je le vis cette semaine, je le vis aujourd'hui,* ni même : *Je le vis ce matin.* Il faut dans tous ces cas : *Je l'ai vu.*

196. L'imparfait ne doit s'employer que pour exprimer une action ou un état qui existait dans le temps dont il est question, mais qui ne dure plus au moment où l'on parle. Ainsi dans cette phrase : *J'ai appris qu'au commencement vous* ÉTIEZ *content de votre marché, mais que vous en* ÉTIEZ *fâché maintenant*, le premier imparfait *vous étiez*, est bien à sa place, puisqu'il désigne un état qui existait dans le temps passé dont on parle, c'est-à-dire au commencement ; mais au lieu du second imparfait *vous étiez*, il fallait le présent *vous êtes*, puisqu'on veut désigner un état qui dure encore. De même, au lieu de dire : *Nos maîtresses nous disaient que sagesse* VALAIT *mieux que richesse.* Il faut dire : *Que sagesse* VAUT *mieux que richesse;* car ceci est toujours vrai.

197. Le plus-que-parfait ne doit s'employer que pour un temps doublement passé, c'est-à-dire antérieur à un autre temps passé dont on parle. Ainsi l'on dira bien : *J'ai appris avec plaisir que vous* AVIEZ RECONNU *votre faute, avant même qu'on vous l'eût reprochée*, parce que le temps où la faute a

été reconnue est antérieur à celui où elle a été reprochée, lequel est lui-même passé. Mais si l'on voulait exprimer un temps simplement passé, il faudrait se servir du passé et non pas du plus-que-parfait. On dirait donc : *J'ai appris avec plaisir que vous* AYEZ RECONNU *votre faute,* et non point : *Que vous* AVIEZ RECONNU *votre faute.*

198. Le conditionnel s'emploie pour exprimer une chose un peu douteuse ou tout à fait conditionnelle : *Je pensais que mon frère* VIENDRAIT *demain. J'ai appris que vous* PARTIRIEZ *lundi si le temps était beau.* Mais, si le fait est certain, on devra employer le futur : *On m'a dit que mon frère* VIENDRA *demain. J'ai appris que vous* PARTIREZ *lundi.*

Emploi des temps du Subjonctif.

199. Un verbe ne se met au subjonctif qu'autant qu'il est lié à un verbe précédent (1) par *que*, *qui*, ou autres mots qui le mettent, pour ainsi dire, sous la dépendance de ce verbe.

On emploie le subjonctif : 1° après un verbe qui exprime le doute, le désir, la crainte, la volonté, le commandement, la permission : *Je doute* ou *je désire* ou *je veux* ou *je permets que vous* FASSIEZ *cet ouvrage.*

2° Quand le premier verbe est accompagné d'une négation ou exprime une interrogation : *Je ne veux pas qu'il* VIENNE. *Pensez-vous qu'il* VIENNE? (2)

3° Quand le second verbe est lié au premier par une des conjonctions suivantes ou toute autre ayant le même sens :

---

(1) Souvent la phrase est renversée et le second verbe se trouve le premier. Ex. : *Quoique vous soyez malade, ne négligez pas vos prières.* Quelquefois aussi le premier verbe est sous-entendu : PLAISE *à Dieu que cela arrive ;* c'est comme s'il y avait : *Je désire qu'il plaise à Dieu.*

(2) Quelquefois on emploie la forme interrogative sans qu'il y ait doute dans la pensée, en ce cas le second verbe ne se met pas au subjonctif. Ainsi, on dira : *Pensez-vous bien, mon enfant, que Dieu vous* VOIT *et qu'il vous* JUGERA *un jour.*

Afin que, *à moins que*, *de peur que*, *en cas que*, *jusqu'à ce que*, *pourvu que*, *quelque...que*, *quoique*, *sans que*, *soit que*, *supposé que*, etc. (1)

4° Quand la conjonction *que* est employée pour éviter la répétition de la conjonction *si* ou de quelqu'une des conjonctions précédentes : *Si vous aimez Dieu et* QUE *vous* DÉSIRIEZ *le lui témoigner, résistez à la tentation ; il ne vous abandonnera pas* QUE *(à moins que) vous ne l'y* FORCIEZ.

5° Quand les pronoms relatifs *qui*, *que*, *dont*, etc. sont précédés de *le seul*, *le plus*, *le moins* ou autres mots exprimant un superlatif relatif : *C'est la seule chose qui me* FASSE *de la peine* (2).

6° Après les verbes impersonnels *il faut*, *il importe*, *il convient* et tous ceux qui n'expriment rien de certain : *Il faut, il importe, il convient que votre devoir* SOIT *bien fait.*

200. Pour décider à quel temps du subjonctif doit être mis le second verbe, il faut voir avant tout si le premier est au présent ou au futur de l'indicatif, ou s'il est à tout autre temps que le présent ou le futur.

1° Si le premier verbe est au présent ou au futur de l'indicatif, le second doit se mettre au présent ou au passé du subjonctif; au présent s'il exprime une action présente ou à venir : *Je doute que vous* SOYEZ *sage aujourd'hui et demain ;* au passé, s'il exprime une action passée : *Je doute que vous* AYEZ ÉTÉ *sage hier.* Cependant si la phrase renfermait une expression conditionnelle, on emploierait l'imparfait du subjonctif au lieu du présent et le plus-que-parfait, au lieu du passé : *Je doute que vous* FUSSIEZ *si sage aujourd'hui, et que vous l'*EUSSIEZ *été hier, sans l'espoir secret de quelque récompense.*

---

(1) Remarquez que *tout... que* demande l'indicatif et non pas le subjonctif; ainsi on dira bien : *Quelque grand que vous* SOYEZ, mais on devra dire : *Tout grand que vous* ÊTES.

(2) Cependant, en ce cas, on emploierait l'indicatif si l'on voulait exprimer sa pensée d'une manière absolue et positive.

2° Lorsque le premier verbe est à tout autre temps que le présent ou le futur de l'indicatif, le second doit se mettre à l'imparfait du subjonctif ou au plus-que-parfait; à l'imparfait, s'il exprime une action présente ou à venir. *Je doutais que vous* FUSSIEZ *sage aujourd'hui;* au plus-que-parfait, s'il exprime une action passée : *J'ignorais que vous* EUSSIEZ ÉTÉ *sage hier.*

Cependant après un verbe au passé, on emploie le présent du subjonctif pour exprimer une chose vraie dans tous les temps. *Dieu nous a donné la vie présente afin que nous l'*EMPLOYIONS *à mériter la vie éternelle.* On emploie encore le présent du subjonctif après un passé indéterminé suivi d'une des locutions conjonctives *afin que*, *bien que*, *de peur que*, *encore que*, *pour que*, *quoique*, quand on veut exprimer un futur : *Ma sœur m'a envoyé une voiture afin que je* PARTE *demain.*

CHAPITRE SIXIÈME.

DU PARTICIPE.

Du Participe présent.

201. Il ne faut pas confondre les participes présents avec certains adjectifs qui sont aussi terminés en *ant*, et que l'on appelle *adjectifs verbaux* parce qu'ils dérivent des verbes.

202. Le participe présent 1° exprime une action; 2° il peut avoir un complément direct; 3° il pourrait se remplacer par un autre temps du verbe précédé de *qui.*

L'adjectif verbal exprime 1° un état, une manière d'être; 2° il n'a jamais de complément direct; 3° on pourrait le faire précéder de *qui* avec l'un des temps du verbe *être*.

Ex. du Participe présent.	Ex. de l'Adjectif verbal.
Ces livres CHARMANT *vos loisirs, vous sont bien précieux.*	*Ces livres* CHARMANTS *vous sont bien précieux.*

Dans le premier cas, *charmant* exprime une action, il a un complément, il peut être remplacé par *qui charment.*

Dans le second, au contraire, *charmants* exprime une qualité, il n'a pas de complément, il peut être précédé de *qui sont.*

Les sages PRÉVOYANT *ce qui arriverait, disaient que cette personne si vantée, mais* BRILLANT *par sa beauté plus que par sa vertu, finirait par être humiliée.*	*Les hommes* PRÉVOYANTS *disaient que cette personne si vantée, mais* BRILLANTE *de beauté plus que de vertu, finirait par être humiliée.*

On pourrait dire, dans le premier exemple : *qui prévoyaient, qui brillait,* et dans le second : *qui sont prévoyants, qui était brillante.*

Comme on le voit dans les exemples précédents, le participe présent est invariable ; mais l'adjectif verbal s'accorde en genre et en nombre avec le nom ou le pronom auquel il se rapporte.

203. Les mots *intrigant, fatigant, extravagant* s'écrivent sans *u* lorsqu'ils sont employés comme adjectifs; mais on écrit : *intriguant, fatiguant, extravaguant*, quand ils sont participes. Remarquez de même que certains noms, tels que *fabricant*, s'écrivent par un *c*, quoiqu'on écrive *fabriquant* participe de *fabriquer*.

Du Participe passé.

204. Le participe passé employé sans auxiliaire n'est qu'un adjectif, et suit les mêmes règles que l'adjectif pour l'accord avec le nom auquel il se rapporte : *Parents* CHÉRIS. *Sœur bien-*AIMÉE.

205. Les règles du participe passé employé avec auxiliaire se réduisent à deux.

206. *Ire Règle.* Le participe passé conjugué avec l'auxiliaire *être* s'accorde avec le sujet du verbe : *Les fruits sont* CUEILLIS, *les fruits sont* TOMBÉS.

207. *IIe Règle.* Le participe passé conjugué avec l'auxiliaire *avoir* s'accorde avec le complément direct du verbe quand il en est précédé : *Les fruits que j'ai* CUEILLIS. Il reste invariable quand le complément direct est placé après le verbe : *J'ai* CUEILLI *ces fruits.* Il reste encore invariable quand le verbe n'a pas de complément direct. *Ces fruits ont* MÛRI *promptement.*

Cette règle n'a réellement aucune exception ; toute la difficulté qu'elle offre dans l'application consiste à bien connaître le complément direct du verbe. Voici quelques remarques pour faciliter cette connaissance :

1° Les verbes neutres n'ont jamais de complément direct, par conséquent lorsque le participe d'un de ces verbes est conjugué avec *avoir*, il doit toujours être invariable : *Mes sœurs ont* PARLÉ. *Les mauvais temps ont* NUI.

On laissera de même invariables les participes des phrases suivantes : *Les trois semaines que j'ai* DEMEURÉ *ici. Les années* QUE *ce roi a* RÉGNÉ, parce que *demeurer* et *régner* étant neutres, n'ont point de complément direct. Dans ces phrases, *que* est mis pour *pendant lesquelles.*

2° Dans la plupart des verbes pronominaux, le verbe *être* est employé pour *avoir* : *Julie s'est lavée*, c'est-à-dire : *Julie a lavé elle.* Le participe de ces verbes doit donc suivre la règle du participe conjugué avec *avoir.*

3° Parmi les verbes accidentellement pronominaux, les uns sont formés de verbes actifs, comme *se laver, s'instruire, s'avertir*, etc., et ces verbes ont souvent pour complément direct leur second pronom, comme dans : *Elles* SE *sont averties*, pour *elles ont averti* ELLES ; ici le participe s'accorde avec le second pronom *se*, mis pour *elles*, puisqu'il est placé avant le verbe dont il est le complément direct.

4° Quelquefois aussi le verbe pronominal formé d'un verbe actif a un autre complément direct que son second pronom, comme dans : *Julie s'est brodé des cols*. *Se* n'est ici que complément indirect, c'est comme s'il y avait : *Julie a brodé des cols à elle*. En ce cas, le participe s'accorde comme toujours avec le complément direct s'il en est précédé : *Les cols* QUE *Julie s'est* BRODÉS ; et il reste invariable si le complément direct est placé après le verbe : *Julie s'est* BRODÉ *des* COLS.

5° D'autres verbes accidentellement pronominaux sont formés de verbes neutres, tels sont *se nuire*, *se parler*, *se succéder*, etc. Les participes de ces verbes sont toujours invariables, parce qu'ils ne peuvent avoir de complément direct : *Ces enfants se sont* NUI, c'est-à-dire *ont nui* A EUX. *Ces rois* SE *sont* SUCCÉDÉ, pour *l'un a succédé à l'autre*.

6° Dans les verbes essentiellement pronominaux, c'est-à-dire qui ne peuvent se conjuguer que pronominalement, on considère le second pronom comme complément direct et le participe s'accorde toujours avec ce second pronom : *Elles* SE *sont* REPENTIES, *ils* SE *sont* EMPARÉS. Il faut en excepter le verbe *s'arroger* qui n'a jamais pour complément direct son second pronom, mais bien un autre mot placé avant ou après le verbe : *Ils* SE *sont* ARROGÉ *des* DROITS. *Les droits* QU'*ils* SE *sont* ARROGÉS.

7° Les verbes *douter, prévaloir, échapper*, conjugués pronominalement, suivent les règles des verbes essentiellement pronominaux et s'accordent toujours avec leur second pronom : *Ils se sont doutés*, *ils se sont prévalus*, *ils se sont échappés*. Il en est de même de plusieurs autres verbes qui, étant conjugués pronominalement, prennent un sens tout différent de celui qu'ils avaient étant simplement actifs ou neutres ; tels sont : *S'apercevoir de*, *s'attendre à*, *se taire*, *se passer de*, etc.

8° Le participe suivi d'un infinitif a quelquefois cet infinitif pour complément direct et alors il reste invariable : *Les arbres que j'ai* VU *couper*. J'ai *vu* quoi ? *couper ; couper* quoi ? *les arbres*. Le pronom *que* mis pour *arbres* est complément direct de *couper* et non pas de *ai vu :* on ne pourrait pas dire : *j'ai vu les arbres coupant.*

Quelquefois aussi le pronom placé avant le verbe est complément direct du participe, et en ce cas, le participe s'accorde avec ce pronom : *Les arbres* QUE *j'ai* VUS *tomber*. J'ai *vu* quoi ? *les arbres tomber*, et l'on pourrait dire : *J'ai vu les arbres tombant* ou *qui tombaient*. Le participe *vus* s'accorde donc avec son complément direct *que*, pronom mis pour *arbres*. On écrira de même : *Les élèves* QUE *j'ai* LAISSÉES *jouer*, en faisant accorder LAISSÉES avec son complément direct *que* mis pour *élèves*, parce que l'on peut dire : *j'ai laissé les élèves jouant* ou *qui jouaient*, et l'on écrira : *Les élèves que j'ai* LAISSÉ *récompenser* en laissant le participe invariable, parce que son complément direct est l'infinitif *récompenser* et non pas le pronom *que*. Ici l'on n'a pas l'intention de dire : *j'ai laissé les élèves récompensant*, mais bien : *j'ai laissé récompenser les élèves* (1).

9° Le participe du verbe *faire*, suivi d'un infinitif, est toujours invariable, parce qu'il a toujours pour complément direct cet infinitif qui le suit : *Les arbres que j'ai* FAIT *planter. Les élèves que j'ai* FAIT *travailler*.

10° Quand l'infinitif qui suit le participe est précédé d'une préposition, cela ne change rien à la règle : *Les lettres que je vous ai* DIT *d'*ÉCRIRE. J'ai *dit* quoi ? *d'*ÉCRIRE, *dit* invariable. *Les personnes* QUE *j'ai* PRIÉES *d'écrire*. J'ai *prié* qui ? *les personnes ;* accord du participe *priées* avec son complément direct *que* mis pour *personnes*.

---

(1) Quand l'infinitif placé après le participe appartient à un verbe neutre, il n'y a rien à examiner, car alors s'il y a un complément direct, il ne peut appartenir qu'au premier verbe.

11° Le participe placé entre deux *que* est toujours invariable, parce qu'il a toujours pour complément direct le membre de phrase qui le suit, et non le *que* qui le précède : *Les lettres que j'ai* CRU *que vous écriviez. J'ai cru* quoi? *que vous écriviez les lettres.*

12° Le participe reste invariable lorsqu'il a pour complément direct un membre de phrase sous-entendu : *J'ai écrit toutes les lettres qu'on a voulu* (sous-entendu *que j'écrive*). Il en serait de même si le participe avait pour complément direct un mot sous-entendu : *J'ai écrit toutes les lettres que j'ai pu* (sous-entendu *écrire*).

13° Le participe passé des verbes impersonnels ou employés impersonnellement est toujours invariable : *Les pluies qu'il y a eu. Les chaleurs qu'il a fait. Il s'est trouvé de grands obstacles. Les difficultés qu'il nous a fallu vaincre.*

14° Quand le participe a pour complément direct *l'* représentant un membre de phrase, il reste au masculin singulier, parce qu'en ce cas le pronom *le* est toujours du masculin singulier. *Ces devoirs sont plus difficiles que je ne* L'*avais* PENSÉ, c'est-à-dire : *plus difficiles que je n'avais pensé qu'ils étaient.*

208. Cette expression *le peu de...* peut avoir deux significations. Quelquefois elle marque le manque et quelquefois elle marque seulement une petite quantité. Le participe placé après *le peu de...* reste au masculin singulier quand le sens de la phrase marque que ces mots expriment le manque, l'insuffisance : *Votre peu d'application* (votre manque d'application) *a été bien* PUNI *par le peu de succès* (le manque) *que vous avez* OBTENU. Le participe s'accorde avec le nom placé après *le peu de..., ton peu de...*, lorsque ces mots marquent seulement la petite quantité : *Le peu d'application* (la petite application) *que vous avez* MONTRÉE *a été sur-le-champ* RÉCOMPENSÉE.

On reconnaît que *le peu de...* marque la petite quantité

quand on peut le retrancher sans changer le sens de la phrase; dans le cas contraire, il signifie le manque.

209. Lorsque le participe passé n'est précédé d'aucun autre complément que le pronom *en* il reste invariable : *Voici une belle image; mais j'*EN *ai* REÇU *de plus belles*. Mais si le participe était précédé d'un complément direct, le pronom *en* n'empêcherait pas l'accord : *Cet arbre est excellent, voici les fruits* QUE *j'en ai* CUEILLIS.

210. Quand le collectif *combien* est suivi d'un nom auquel il se rapporte, l'accord du participe n'a lieu qu'avec ce nom : *Combien de grâces j'ai perdues! Combien de personnes il a* TROMPÉES! Mais lorsque *combien* est employé sans désignation d'objet, le participe reste invariable, parce que *combien*, n'ayant par lui-même ni genre ni nombre, ne peut faire varier le participe dont il est complément : *Combien l'orgueil en a* TROMPÉ. *Combien les plaisirs en ont perdu.*

CHAPITRE SEPTIÈME.

DE L'ADVERBE.

211. Les adverbes *dedans*, *dehors*, *dessus*, *dessous*, ne doivent pas généralement être suivis d'un complément. Ainsi on ne dira pas : *Dessus la table et dedans l'armoire*, il faut : *Sur la table et dans l'armoire*. Cependant ces adverbes peuvent avoir un complément : 1° Quand ils sont liés ensemble par une des conjonctions *et*, *ni*, *ou : Votre livre n'est ni* DESSUS *ni* DESSOUS *la table ;* 2° quand *dessus* et *dessous* sont précédés d'une préposition : *Il est sorti de* DESSOUS *terre. Il a sauté par* DESSUS *la haie.*

212. L'adverbe *alentour* ne doit jamais avoir de complé-

ment. Ne dites donc pas : ALENTOUR *de la maison*, mais employez la préposition *autour* et dites : *Autour de la maison.*

Même remarque à faire sur l'adverbe *auparavant*. Ne dites point : AUPARAVANT *qu'il vienne*, mais employez la préposition *avant*, et dites : *Avant qu'il vienne.*

213. *Davantage* diffère de *plus*, en ce que *plus* peut être suivi des mots *de* ou *que*, tandis que *davantage* n'a jamais de complément. On ne dit point : *Il a davantage d'esprit que de vertu;* mais : *Plus d'esprit que de vertu. Il se fie davantage à ses lumières qu'à celles des autres;* mais : *Il se fie plus.*

214. *Davantage* ne doit pas s'employer pour *le plus.* On ne dira donc pas : *De toutes les élèves, Julie est celle qui s'applique* DAVANTAGE ; il faut : *qui s'applique* LE PLUS.

215. *Plus tôt* a rapport au temps, et signifie le contraire de *plus tard : Il partira plus tôt qu'il ne le pensait.— Plutôt* exprime une idée de préférence : *Il partira plutôt que de consentir à ce qu'on veut.*

216. *Aussitôt* ne peut pas être immédiatement suivi d'un nom, à moins qu'on ne sous-entende le mot *que* et le verbe *être.* On ne dira donc pas : *Aussitôt la réception de votre lettre*: il faut : *Aussitôt après;* mais on dira bien : *Aussitôt votre lettre reçue*, parce que ici on sous-entend *que* et le verbe *être : Aussitôt que votre lettre eut été reçue.*

217. *De suite* signifie l'un après l'autre, sans interruption : *Il ne peut pas dire deux mots de suite.— Tout de suite* signifie sur-le-champ, à l'instant même *: Sortez tout de suite.*

218. *Tout à coup* veut dire soudainement : *Il survint tout à coup. — Tout d'un coup* veut dire tout d'une fois : *Il a gagné mille francs tout d'un coup.*

219. *Aussi* et *autant* expriment la comparaison : *Cette maison est* AUSSI *belle que la vôtre. — Si* et *tant* expriment

l'extension et signifient *tellement : Cette maison est* SI *belle que je l'achèterai. Rien ne m'ennuie* TANT *que ce devoir.* Cependant dans les phrases négatives, on emploie *si* pour *aussi*, et *tant* pour *autant : Cette maison n'est pas* SI *belle que la nôtre. Je n'ai pas* TANT *de courage que vous.*

Emploi de la négation.

220. On supprime *pas* et *point*, quand il y a dans la phrase un mot dont le sens est négatif, tel que : *jamais, guère, aucun, rien*, etc. : NE *parlez* JAMAIS *sans avoir réfléchi.* NE *passez* AUCUN JOUR *sans faire quelque bien.*

Après *craindre, trembler, de peur que*, etc., on emploie *ne* tout seul, quand on craint la chose : *Tremblez qu'il* NE *vous frappe*, et *ne... pas, ne... point*, quand on la désire : *J'appréhende que vous* NE *réussissiez* PAS.

Dans les interrogations, *ne... point* suppose un doute, et *ne... pas*, une certitude : N'*avez-vous* POINT *trouvé mon livre?* NE *vous l'avais-je* PAS *dit?*

221. Les mots *autre, autrement, plus, moins, pire, meilleur, pis, mieux*, demandent que le verbe suivant soit accompagné de *ne*, à moins qu'ils ne soient eux-mêmes accompagnés d'une négation. Ainsi on dira : *Il est meilleur qu'il* NE *le paraît ;* mais on dirait : *Il n'est pas meilleur qu'il le paraît.*

222. Quand le verbe *empêcher* est accompagné d'une négation, l'on peut ajouter ou n'ajouter pas *ne* au verbe suivant : *Le mauvais temps n'a pas empêché qu'il vînt*, ou *qu'il ne vînt.* Mais, si *empêcher* n'est pas accompagné d'une négation, il faut nécessairement ajouter *ne* au verbe suivant : *Le mauvais temps a empêché qu'il* NE *vînt me voir.*

223. Au contraire, après les verbes *douter* et *désespérer*, on doit mettre *ne*, quand ces verbes sont accompagnés d'une négation ou d'une interrogation : *Je ne désespère pas qu'il* NE *vienne. Doutez-vous qu'il* NE *vienne?* On sup-

prime *ne*, quand ils ne sont point accompagnés d'une négation ou d'une interrogation : *Je doute, je désespère qu'il vienne.*

224. *Nier* et *disconvenir* ne veulent point non plus *ne* devant le verbe qui les suit, quand eux-mêmes ne sont accompagnés ni d'une négation ni d'une interrogation : *Elle nie qu'elle ait commis cette faute.* Mais, quand ils en sont accompagnés, on est libre de mettre ou de ne pas mettre *ne* avant le verbe qui les suit : *Peut-elle nier qu'elle soit* ou *qu'elle* NE *soit coupable?*

225. Le verbe *défendre* ne veut, en aucun cas, la négation *ne* devant le verbe qui le suit : *Je défends qu'il vienne. Je ne défends pas qu'il vienne.*

226. Après *sans que* et *avant que*, on ne met jamais *ne.* On ne dira donc point : *Je ne sortirai pas avant qu'il* N'*arrive;* mais : *avant qu'il arrive.*

CHAPITRE HUITIÈME.

DE LA PRÉPOSITION.

227. *Au travers* veut la préposition *de;* — *à travers* la rejette : *Au travers* DE *la haie. A travers la haie.*

228. *Près de* ne doit pas être confondu avec *prêt à;* le premier est une préposition qui signifie *sur le point de* : *Il est près de tomber;* le second est un adjectif qui signifie *préparé à* : *Il est prêt à partir.*

229. *Vis-à-vis* signifie *en face* : *Cette maison est* VIS-A-VIS *de la nôtre;* mais on ne doit pas l'employer pour *envers*, *à l'égard de*, et dire : *Il s'est mal conduit vis-à-vis de moi.*

230. *Voici* montre ce qui suit, et *voilà,* ce qui précède :

Voici ce que dit Notre-Seigneur : Cherchez avant tout le royaume des Cieux. — Cherchez avant tout le royaume des Cieux : voilà ce que dit Notre-Seigneur. — *Voici* indique également les objets les plus voisins, et *voilà*, les objets plus éloignés.

231. Les prépositions *à*, *de*, *en*, se répètent ordinairement avant chaque complément : *Nous sommes obligés* DE *connaître Dieu*, DE *l'aimer et* DE *le servir.*

Mais les autres prépositions ne se répètent pas ordinairement : *Nous sommes au monde* POUR *connaître Dieu, l'aimer et le servir*. Cependant, s'il y avait entre les différents compléments une sorte d'opposition, ou du moins une distinction, on répèterait la préposition devant chacun d'eux : *C'est déjà un crime, que de se montrer également indifférent* POUR *le vice et* POUR *la vertu.*

CHAPITRE NEUVIÈME.

DE LA CONJONCTION.

232. Les deux conjonctions *et*, *ni*, servent à unir les parties semblables d'une phrase. *Et* s'emploie dans les phrases affirmatives, et *ni*, dans les phrases négatives ; *Je lui parle*, ET *il ne me répond rien. Cette enfant est savante* ET *modeste. Il n'avance* NI *ne recule. Elle n'est* NI *forte* NI *courageuse.*

233. *Ni* peut quelquefois remplacer *sans*. Ainsi on pourra dire : *Sans crainte* NI *pudeur*, au lieu de : *Sans crainte et sans pudeur ;* mais, en ce cas, il faut toujours supprimer *sans*, ce serait une faute de dire : *Sans crainte* NI *sans pudeur.*

234. On supprime *et* entre deux propositions commençant par *plus*, *mieux*, *moins*, *autant*. Ne dites donc pas : ***Plus je le vois*** ET ***plus je l'admire***; mais : ***Plus je le vois, plus je l'admire***.

235. Ne confondez pas *parce que* et *par ce que*. ***Parce que*** (en deux mots) signifie *attendu que* ; *par ce que* (en trois mots) veut dire *par les choses que*. Le sens des deux locutions suivantes est bien différent : *Il s'est perdu,* PARCE QU'*il* (attendu qu'il) *a suivi sa passion.* — PAR CE QUE (par les choses que) *la passion lui faisait faire chaque jour, il était facile de voir qu'il se perdait.*

236. *Quoique* (en un mot) signifie *bien que* : QUOIQUE *vous soyez instruit, soyez modeste.* — *Quoi que* (en deux mots) signifie *quelque chose que* : QUOI QUE *je puisse lui dire, il n'en tient aucun compte.*

237. Ne confondez pas *quand* et *quant*. Le premier est une conjonction qui signifie *lorsque* : *Je partirai* QUAND *j'aurai fini.* Le second est une préposition qui signifie *pour ce qui est de, à l'égard de* : QUANT *à cette affaire, je m'en occupe fort peu.*

238. On emploie *que* : 1° à la place de *pourquoi* : QUE *ne le disiez-vous?* 2° Afin d'éviter la répétition de certaines conjonctions telles que *quand, si, quoique* : *Si vous avez l'innocence et que vous désiriez la conserver, fuyez les occasions dangereuses.* 3° Pour unir les termes d'une comparaison : ***Il est plus savant*** QUE ***modeste.*** 4° Pour remplacer certaines locutions conjonctives, avec lesquelles il est ordinairement réuni : ***Approchez*** QUE (afin que) ***je vous parle.*** 5° Dans certaines phrases exclamatives, entre l'adjectif et le verbe *être* : ***Insensé*** QUE ***j'étais!*** 6° Entre deux verbes, pour marquer que le second est régi par le premier : ***Il faut*** QUE ***je garde le silence.***

CHAPITRE DIXIÈME.

DE L'INTERJECTION.

239. *Ah!* exprime la joie, la douleur : AH ! *quelle joie! Ah! quel malheur! ha* marque la surprise : HA ! HA ! *vous voilà!*

240. *Eh!* exprime la douleur : EH ! *comment ne pas pleurer! — Hé!* s'emploie pour appeler, pour avertir : HÉ ! *faites donc attention.*

241. *Oh!* exprime l'admiration : OH ! *que le Seigneur est bon! — Ho!* marque la surprise et s'emploie aussi pour appeler : HO ! *que dites-vous!* HO ! HO ! *venez donc.*

242. *O* s'emploie dans l'apostrophe et dans l'exclamation : *O mon Dieu! O mon Père!*

CHAPITRE ONZIÈME.

REMARQUES PARTICULIÈRES.

243. C'EST A VOUS DE *parler* veut dire : C'est votre droit ou c'est votre devoir de parler. — *C'est à vous à parler* signifie c'est votre tour de parler.

244. On dira bien *trois* A *quatre heures, de sept* A *huit mètres*, parce qu'il y a un milieu entre trois et quatre heures, entre sept et huit mètres; mais on ne peut pas dire : *Sept à huit personnes*, il faut : *Sept ou huit personnes,* parce qu'il ne peut y avoir de milieu entre sept et huit personnes.

245 *Il a été* suppose qu'il est de retour. — *Il est allé* suppose qu'il est encore où il est allé.

246. *Aider à quelqu'un*, c'est partager son travail, sa fatigue : *J'ai aidé à ma sœur à faire cet ouvrage.* — *Aider quelqu'un*, c'est lui donner secours, assistance : *J'ai aidé cette personne de ma bourse.*

247. *Anoblir*, c'est donner à quelqu'un des titres de noblesse. — *Ennoblir*, c'est rendre plus excellent, plus élevé : *Les rois anoblissent. Les grandes actions ennoblissent.*

248. *Atteindre à une chose* suppose des efforts à faire, des obstacles à surmonter : *Vous ne pourrez sans échelle atteindre au plafond.* On dit aussi : *Atteindre à la perfection.* Dans tous les autres cas, on supprime la préposition *à* après *atteindre : Atteindre son but.*

924. L'adjectif placé après ces mots *avoir l'air* se met au masculin singulier s'il se rapporte au mot *air : Cette personne a l'air* DOUX ; mais l'adjectif s'accorderait avec le nom placé après *air* s'il se rapportait à ce nom : *Cette personne a l'air* HEUREUSE. En parlant des choses il est mieux de dire *avoir l'air d'être : Cette pomme a l'air d'être cuite.*

250. Lorsqu'il s'agit de personnes, *capable* signifie *qui peut faire une action.* — *Susceptible,* sans complément, veut dire *qui est trop sensible, trop prompt à s'offenser,* et avec un complément, il signifie *qui peut recevoir en soi : Montrez-vous* CAPABLE *de pardonner une injure, car c'est une faiblesse d'être trop* SUSCEPTIBLE. *Quand on est* SUSCEPTIBLE *de haine, on est* CAPABLE *de vengeance.*

251. *Colorer* signifie donner de la couleur : *Le soleil* COLORE *les fruits.* — *Colorier* signifie appliquer les couleurs : *J'ai* COLORIÉ *ce dessin.*

252. *Conjonctures* est la même chose que circonstances. — *Conjectures,* la même chose que prévisions.

253. *Conséquent* ne se dit que des personnes, pour désigner un homme qui raisonne et agit selon ses principes. Ne

dites donc pas : *Une affaire* CONSÉQUENTE, *une somme* CONSÉQUENTE ; mais : *Une affaire importante, une somme considérable.*

254. *Consommer* signifie *achever, accomplir,* et aussi *détruire* par l'usage qu'on en fait, comme en parlant du pain et autres provisions. — *Consumer* veut dire *détruire, anéantir ;* il se dit surtout du feu, du temps et du mal.

255. On déjeûne, on dîne, on soupe avec une personne : *J'ai déjeûné avec mon père.* On déjeûne, on dîne, on soupe d'une chose : *J'ai déjeûné de fromage, j'ai dîné d'un poulet.*

256. *Éminent* veut dire *élevé, très-grand : Poste éminent, mérite éminent, danger éminent.* — *Imminent* se dit d'un danger tout à fait pressant et inévitable.

257. *Éruption* se dit d'une évacuation subite : *L'éruption d'un volcan, de la petite vérole.* — *Irruption* exprime l'entrée soudaine et imprévue de l'ennemi dans un pays : *Les irruptions des Normands.*

258. On *évite* une peine pour soi-même ; on l'*épargne* aux autres.

259. *Ne faire que* exprime une action fréquemment répétée : *Il ne fait que sortir*, c'est-à-dire : *il sort à chaque instant. Ne faire que de* exprime une action qui vient d'avoir lieu : *Il ne fait que de sortir,* c'est-à-dire : *il vient de sortir.*

260. *Imposer à quelqu'un*, c'est lui imprimer du respect : *La vertu* IMPOSE *même aux méchants.* — *En imposer,* c'est tromper : *Le menteur* EN IMPOSE.

261. *Indigne* et *digne* avec négation ne se disent que d'une chose bonne. Ainsi on dira bien : *Vous êtes* INDIGNE ou *vous n'êtes* PAS DIGNE *de pardon ;* mais on ne dira point : *Cette faute est* INDIGNE, *n'est* PAS DIGNE *de punition.* Il faut : *Ne mérite pas punition.*

262. *Infecter* signifie répandre une mauvaise odeur, et au moral une mauvaise doctrine. — *Infester* veut dire piller, ravager.

263. *Mêler* AVEC veut dire brouiller plusieurs choses ensemble. — *Mêler* A signifie joindre, unir.

264. *Observer, faire une observation* signifie remarquer, faire une remarque. De même donc qu'on ne remarque pas une chose à quelqu'un, qu'on ne lui fait pas une remarque, on ne doit point dire non plus : *Je lui ai observé, je lui en ai fait l'observation;* mais : *Je l'ai prié d'observer, je lui en ai fait faire l'observation.*

265. On emploie *ce* QUI *plaît*, quand ces mots tiennent, dans la pensée, la place d'un nom, et *ce* QU'IL *plaît* quand ils se rapportent à un verbe : *Cet enfant sacrifie son argent à ce* QUI *lui plaît* (aux choses qui lui plaisent). *Elle ne veut faire que ce* QU'IL *lui plaît* (sous-entendu de faire).

266. On *plie* une serviette, une lettre. — On *ploie* une branche, une épée. Cependant ces deux verbes se prennent souvent l'un pour l'autre.

267. *Pire* est l'opposé de *meilleur*, et signifie *plus mauvais;* par conséquent il est adjectif. — *Pis* est l'opposé de *mieux*, et signifie *plus mal;* par conséquent il est adverbe. Pour juger s'il faut employer *pire* ou *pis*, supposez un instant que le sens demande au contraire *meilleur* ou *mieux*, et voyez lequel de ces deux mots devrait être employé. Si c'est *meilleur,* mettez *pire,* et si c'est *mieux,* mettez *pis : De jour en jour son état devient* PIRE, et non pas *pis;* car, dans le sens contraire, on dirait *meilleur* et non pas *mieux. Il va de mal en* PIS, et non pas *en pire;* car, dans le sens contraire, on dirait : *De bien en mieux*, et non pas : *en meilleur.*

268. *Se souvenir* veut toujours *de* devant son complément; mais *se rappeler* veut son complément direct sans préposition, à moins que ce complément ne soit un verbe : *Vous souvenez-vous* DE *mon frère? Je me rappelle mieux votre sœur; mais je me rappelle aussi d'avoir vu votre frère.*

269. *Suppléer une chose*, c'est la compléter en y ajoutant

ce qui manque : *Je suppléerai les cinq francs qui manquent à cette somme.* — *Suppléer à une chose*, c'est la remplacer : *Le mérite peut suppléer à l'âge.*

270. *A témoin* est une locution adverbiale, et reste par conséquent invariable : *Je vous prends toutes* A TÉMOIN. Il en est de même du mot *témoin* placé au commencement d'une proposition : TÉMOIN *les victoires qu'il a remportées.*

271. Ordinairement *par terre* se dit de ce qui, touchant déjà à la terre, y est renversé, et *à terre* se dit de ce qui, n'y touchant pas, y tombe ou y est jeté. Ainsi un piéton et un arbre tombent PAR *terre* ; mais le cavalier et le fruit d'un arbre tombent A *terre.*

272. *Tous les deux* signifie l'un et l'autre. — *Tous deux* veut dire l'un avec l'autre. Il en est de même de *tous les trois* et *tous trois*, *tous les quatre* et *tous quatre.*

273. Après *un de, un des*, on met le verbe au singulier ou au pluriel, selon que l'action est faite par un seul agent ou par plusieurs : *Charlemagne est un des plus grands princes qui* AIENT *régné ; un de ses fils lui* SUCCÉDA.

274. *Venimeux* se dit des animaux, et *vénéneux* des plantes.

TROISIÈME PARTIE.

DE L'ORTHOGRAPHE, DE LA PONCTUATION ET DE L'ANALYSE.

CHAPITRE PREMIER.

DE L'ORTHOGRAPHE.

275. L'orthographe est l'art d'écrire correctement les mots.

276. On peut distinguer dans les mots les lettres qui s'ajoutent ou se retranchent d'après les règles données dans la grammaire ; par exemple, les différentes terminaisons des noms, des adjectifs, etc., suivant le genre ou le nombre, et les lettres qu'on peut appeler d'usage, telles que les lettres des mots invariables et celles qui, dans les mots variables, ne changent point. Les règles données pour apprendre l'orthographe d'usage offrent tant d'exceptions, qu'elles sont de peu d'utilité. Voici cependant quelques remarques des plus sûres.

277. 1° Les mots dérivés indiquent ordinairement l'orthographe des mots primitifs dont ils dérivent. Ainsi *finir* montre que *fin* se termine par *n*, tandis que *famine* indique *m* finale dans *faim*. *Chantre* indique le *t* de *chant*, et *champêtre*, le *p* final de *champ*. De même *plomber*, *reposer, débuter* rappellent la consonne finale des mots *plomb, repos, début*. Il y a cependant plusieurs exceptions : par exemple *honorer*

et *donation* sembleraient indiquer une seule *n* dans *honneur* et *donner* qui en ont deux.

2° Les noms dont le son final est *au* au singulier comme au pluriel, s'écrivent par *eau : Tombeau, cadeau, bureau,* etc.; excepté : 1° *fléau, préau, fabliau, gluau, hoyau, tuyau* et autres, où *au* est précédé d'une voyelle ; 2° *Esquimau, étau, landau, pilau, sarrau, unau.*

3° Tous les noms dont la prononciation se termine par *ention* ou *ension,* s'écrivent par *en* et non par *an*, à l'exception de *expansion.* Ainsi on écrit *pension, prétention*, etc.

4° On écrit par *xion : complexion , connexion, flexion, fluxion, génuflexion, inflexion, réflexion.* Les autres noms ayant le même son final se terminent par *ction : action , instruction*, etc.

5° On termine par *eur* tous les noms dont la finale a le son *eur* excepté *heure, beurre, demeure* et *leurre.*

6° *B* se double dans *abbaye, abbé, rabbin , sabbat* et leurs dérivés et aussi dans *gibbeux* (bossu).

7° *C* se double dans les mots qui commencent par *oc*, excepté *océan, ocre, oculaire, oculiste.*

8° *D* se double dans *addition* et ses dérivés, et dans *adducteur, adduction, reddition.*

9° *F* se double dans les mots qui commencent par *dif, of* et *suf.* Elle se double également dans les mots qui commencent par *ef,* tels que *effacer, effroi*, excepté *éfaufiler.* Elle se double aussi dans les mots qui commencent par *af,* excepté *afin, Afrique.*

10° *G* se double dans *suggérer, agglomérer, aggraver, agglutiner* et leurs dérivés.

11° *L* se double dans les mots qui commencent par *il*, excepté *île, îlot, Ilote.*

12° *M* se double dans les mots qui commencent par *im*, excepté *image, imiter* et leurs dérivés et *iman.* Elle se double encore dans les adverbes formés des adjectifs en *ant* et en *ent : Vaillant, vaillamment ; prudent , prudemment.*

13° *N* se change en *m* devant *p* et *b* : *Amputer, tombe, emblème, impôt, humble.* Cependant *bonbon* et *embonpoint* conservent l'*n*.

14° *R* se double dans les mots commençant par *ir*; excepté : *iris*, *irascible*, *ironie*, *Iroquois*.

15° Les consonnes ne se doublent ni après un *e* muet, comme dans *semer, fenêtre,* etc., ni après une voyelle portant un accent, comme dans *âme*, *blême*, excepté *châsse* et *châssis*; ni enfin après un son nasal comme dans *entier, quantité*, excepté *ennoblir*, *ennui* et leurs dérivés.

278. On distingue encore les lettres en grandes lettres ou majuscules, et en petites lettres ou minuscules.

1° Il faut commencer par une majuscule tout alinéa, tout vers quelque court qu'il soit, enfin toute phrase précédée d'un point. — On met aussi une majuscule à la suite des deux points, quand ce qui suit est un exemple, ou une citation des paroles de quelqu'un : *Le Sauveur disait* : *Malheur au monde à cause de ses scandales!* — Il faut encore une majuscule après les points d'interrogation ou d'exclamation : *Que désirez-vous? Un peu de pain. Que cet homme est à plaindre! Tâchons de le secourir.* Cependant on ne mettrait pas de majuscules après chaque point d'interrogation ou d'exclamation, s'il y avait, les unes à la suite des autres, plusieurs phrases interrogatives ou exclamatives roulant sur le même sujet : *Voulez-vous savoir où j'ai été? ce que j'ai dit? ce que j'ai fait? — J'aime beaucoup cet auteur. Quelle profondeur dans les pensées! quelle force dans les expressions! quelle harmonie dans le style!*

2° On commence également par une majuscule tous les noms qui désignent Dieu, tels que *Créateur, Tout-Puissant, Notre-Seigneur, la Providence.* Mais ces mots cesseraient de prendre une majuscule, s'ils n'exprimaient qu'un attribut de Dieu : *Dieu est le créateur du ciel et de la terre; il est tout-puissant; reconnaissons-le pour notre seigneur.*

3° Tous les noms et prénoms d'hommes prennent la majuscule, aussi bien que les noms de pays, de peuples, de mers, de fleuves, etc. Ceci s'applique même aux noms communs et aux adjectifs qui, sortant de leur acception commune, deviennent parfois de vrais noms propres. Ainsi dans : *Les États-Unis, la rue de la Paix, le roi Louis-le-Grand, la mer Noire,* les noms communs *états, paix* et les adjectifs *unis, grand, noire*, prennent une majuscule, parce que ici ils forment des noms propres. Mais les noms *rue, roi, mer,* s'écrivent sans majuscule, parce qu'ils restent noms communs.

De même quoiqu'on écrive avec une majuscule : *les Français, les Italiens,* on écrit sans majuscule : *Le peuple français, la langue italienne*, parce que *français* et *italienne* ne sont employés ici que comme des adjectifs ordinaires.

4° Enfin, pour témoigner son respect à une personne de haute dignité, on commence par une majuscule certains mots qui se rapportent à cette personne. Ainsi on dira, en parlant de Dieu : *Qui peut échapper à la vue de* CELUI *qui est présent partout?* et en répondant à un évêque : *La lettre dont votre* GRANDEUR *m'a honoré.*

CHAPITRE DEUXIÈME.

DES SIGNES ORTHOGRAPHIQUES.

279. Les signes orthographiques sont : les *accents,* l'*apostrophe*, la *cédille*, le *tréma*, le *trait-d'union*, le *tiret* ou trait de séparation, les *parenthèses* et les *guillemets.*

1° *Des accents.*

280. Il y a trois sortes d'accents : l'accent *aigu*, l'accent *grave* et l'accent *circonflexe.*

281. L'accent aigu se met généralement sur les *e* qu'on appelle *fermés : Vérité*, *aménité*. Il y a cependant bien des *e* qui sont fermés dans la prononciation, et qui ne prennent pas l'accent : *Aimer, nez*.

282. L'accent grave se met sur un grand nombre d'*e* très-ouverts comme dans *excès, abcès*.

On place aussi l'accent grave sur *déjà, voilà, holà, çà, deçà*.

On le met pareillement sur les prépositions *à* et *dès*, pour les distinguer de *a*, verbe, et de *des*, article, ainsi que sur les adverbes *où* et *là*, pour distinguer ces mots de *ou*, conjonction, et de *la*, article ou pronom.

283. L'accent circonflexe s'emploie généralement pour exprimer un allongement de son.

On le met sur l'*i* dans tous les temps des verbes en *aître* où *i* est suivi de *t* : *Paître, il paraît, vous connaîtrez*.

Il le faut encore, ainsi qu'on l'a vu, sur les deux premières personnes plurielles du passé déterminé et sur la troisième personne singulière de l'imparfait du subjonctif.

On met aussi l'accent circonflexe au masculin singulier sur *crû, dû*, participes de *croître, devoir*, pour les distinguer du participe de *croire*, et de l'article *du*.

Enfin cet accent se met sur les adjectifs masculins *mûr*, et *sûr*, pour les distinguer de *mur*, nom, et de *sur*, préposition; puis, sur les pronoms possessifs *le nôtre*, *le vôtre*, pour les distinguer des adjectifs possessifs *notre, votre*, et encore sur beaucoup d'autres mots.

2° *De l'apostrophe.*

284. L'apostrophe marque la suppression d'une des trois voyelles *a, e, i*, ainsi on écrit L'*âme* pour LA *âme*, J'*aime*, pour JE *aime*. L'usage mieux que les règles apprend l'emploi de l'apostrophe. Cependant voici quelques remarques :

285. 1° On supprime l'*e* et on le remplace par l'apostrophe

dans *lorsque, puisque, quoique* seulement devant *il, elle, on, un ;*

2° Dans *jusque*, devant *à, au, aux, ici.*

3° Dans *entre,* seulement lorsqu'il fait partie d'un mot : *Entre amies on doit s'entr'aider.*

4° Dans *presque*, dans le mot *presqu'île.*

5° Dans *quelque,* devant *un, une.*

286. On emploie encore l'apostrophe dans l'adjectif *grande* dans : *grand'mère, grand'tante, grand'chambre, grand'peur, grand'pitié, grand'route, grand'messe, grand'chose.*

287. La lettre *i* ne se remplace, par une apostrophe, que dans la conjonction *si*, et encore seulement devant *il, ils : s'ils partent.*

3° De la cédille.

288. On met une cédille sous le *c* placé devant les voyelles *a, o, u*, quand il doit avoir le son doux : *Leçon, reçu, Français;* mais non dans : *placet, récit.*

4° Du tréma.

289. Le tréma se met sur une voyelle, lorsqu'on ne peut pas indiquer autrement qu'elle doit se prononcer à part de celle qui précède. Ainsi on écrit avec tréma : *Maïs, Saül*, pour empêcher de prononcer *Mais, Saul.* On écrit de même avec tréma sur *e : Ciguë, aiguë, ambiguë, etc.*, pour empêcher qu'on n'en prononce la dernière syllabe comme celle de *figue.* Mais dans *poëte, poésie,* où l'on peut indiquer la prononciation de l'*e* par un simple accent, on ne met plus aujourd'hui le tréma.

290. Remarquez que l'*y*, quoiqu'il ait souvent la valeur de deux *i*, ne peut jamais cependant être remplacé par un *i* avec tréma. Ainsi on ne doit point écrire : *moïen*, qui se prononcerait *mo-i-en* ; mais : *moyen*, qui se prononce : *moi-i-en.*

5° *Du trait-d'union.*

291. Le trait-d'union sert à marquer la liaison qui existe entre deux ou plusieurs mots. On l'emploie :

292. 1° Avant tous les pronoms personnels et avant les pronoms *le, la, les, lui, leur, en, ce, y, on,* quand ces pronoms sont placés immédiatement après un verbe, dont ils sont ou sujets ou compléments, et, s'il y a deux pronoms, on met deux traits-d'union : *Irai-je au rendez-vous? Allez-y. — Envoyez-les-leur.* Mais on n'écrira pas : *Envoyez-les chercher*, parce que *les* n'est ni sujet ni complément de *envoyez ;* il est complément de *chercher ;* il faut donc écrire : *Envoyez les chercher.*

293. 2° On met la lettre *t* entre deux traits-d'union, quand elle est mise entre un verbe et son sujet, pour éviter un hiatus ou rencontre désagréable de voyelles : *Viendra-t-il? — Ira-t-elle?* Remarquez qu'on ne doit pas écrire : *Va-t-en,* mais : *va-t'en;* car le pluriel *allez-vous-en* montre que *t* est ici le pronom *te*, et non une lettre ajoutée.

294. 3° Il faut un trait-d'union avant ou après *ci* et *là* unis d'une manière inséparable à un autre mot : *Celui-ci, ces gens-là, ci-dessus, là-haut.*

295. 4° Un trait-d'union doit lier l'adjectif *même* au pronom personnel qui le précède : *Moi-même.*

296. 5° Le trait-d'union se met également entre les noms de nombre composés, tels que : *dix-huit, quatre-vingt-dix-neuf.* Cependant *cent*, *mille* et *million* ne veulent être, ni immédiatement précédés, ni immédiatement suivis d'un trait-d'union. On écrira donc : *Vingt-quatre millions neuf cent soixante-quinze mille francs.*

297. 7° Enfin, on emploie le trait-d'union pour lier ensemble les différents mots qui forment un même nom propre : *Aix-la-Chapelle*, *Notre-Dame-de-la-Garde.*

Cependant l'article *le, la, les,* lorsqu'il commence un nom propre, ne se lie point au mot suivant par un trait-d'union : *La Rochelle, Le Mans.*

6° *Du trait de séparation.*

298. Le tiret ou trait de séparation s'emploie particulièrement en rapportant une conversation, pour éviter la répétition des verbes *dit-il? répond-il?* ou autres semblables : *Est-ce assez? dites-moi, n'y suis-je pas encore? — Nenni. — M'y voici donc? — Point du tout. — M'y voilà? — Vous n'en approchez point.*

7° *De la parenthèse.*

299. La parenthèse sert à renfermer certains mots, des chiffres, ou d'autres signes, qui, sans faire partie de la phrase, ou du moins sans y tenir nécessairement, sont cependant utiles, pour indiquer une réflexion ou quelques circonstances qui se rattachent à cette phrase : *Je vous offensais ô mon Dieu, et (quel était mon aveuglement!) je m'en faisais un titre de gloire. — Nous lisons au livre de la Sagesse* (CHAP. VI, *v.* 18) *que le commencement de la sagesse, est le désir sincère de l'instruction.*

8° *Des guillemets.*

Les guillements se placent au commencement et à la fin d'un passage cité, souvent même à la tête de chaque ligne : *La reine Blanche disait à son fils : « Je vous aime avec toute la » tendresse dont une mère est capable; mais j'aimerais mieux » vous voir mourir, que de vous voir commettre un seul péché » mortel. »*

CHAPITRE TROISIÈME.

PONCTUATION.

301. La ponctuation sert à distinguer les différentes phrases ou parties d'une même phrase, et à marquer les pauses qu'on doit faire en lisant.

302. Les signes de la ponctuation sont : La *virgule* (,), le *point-virgule* (;), les *deux-points* (:), le *point* (.), les *points suspensifs* (......), le *point interrogatif* (?), et le *point exclamatif* (!).

1° *De la virgule.*

303. On emploie la virgule : 1° Pour séparer, les unes des autres, les petites parties semblables d'une même phrase, par exemple, plusieurs sujets, plusieurs verbes, plusieurs compléments, plusieurs adjectifs : *La charité, l'obéissance, l'humilité sont des vertus essentielles. Cette personne est douce, modeste, charitable. Nous prions, nous travaillons, nous nous récréons.* Mais, si ces portions de phrases étaient unies entre elles par *et*, *ni*, *ou*, on ne les séparerait point par une virgule, à moins que leur ensemble ne dépassât la portée de la respiration. Ainsi, on écrira : *Le ciel et la terre louent le Seigneur*; mais on devra écrire : *La voûte si brillante du firmament, et le globe si riche de la terre, publient la gloire de leur Créateur.* Par la même raison, quand un verbe est séparé de son sujet, par une suite de mots dont l'étendue excède la portée commune de la respiration, on met une virgule devant le verbe, pour marquer le repos que la voix est obligée de faire : *Un des plus beaux artifices des Égyptiens pour conserver leurs anciennes maximes, était de les revêtir de certaines cérémonies qui les imprimaient dans les esprits.*

304. 2° Avant et après tout mot, ou toute réunion de mots, qu'on peut retrancher sans dénaturer le sens principal de la phrase : *L'Église, affligée de la perte de ses enfants, ne cesse de prier pour eux. Console-toi, ô sainte Épouse du Sauveur, il te reste encore des enfants fidèles.*

305. 3° Pour tenir la place d'un verbe sous-entendu : *L'amour conduit les enfants, et la crainte, les esclaves.*

2° *Du point-virgule.*

306. Le point-virgule s'emploie pour séparer, les unes des autres, certaines portions assez étendues et à peu près semblables d'une longue phrase, dans laquelle chacune de ces portions forme comme une phrase particulière, ayant souvent elle-même des parties séparées par des virgules : *Heureuse l'âme qui, pénétrée des grandeurs et des bontés de son Dieu, l'honore, l'aime et le sert de tout son pouvoir ; qui, voyant en lui tous les hommes, les renferme tous dans une charité sainte, fraternelle ; qui enfin se considère elle-même, quelque élevée qu'elle soit, avec les yeux de l'humilité chrétienne !*

3° *Des deux points.*

307. Les deux points se placent : 1° Avant une citation, un exemple : *Jésus disait : Laissez venir à moi les petits enfants.*

308. 2° Après une phrase générale suivie de ses détails, ou avant cette phrase, si les détails précèdent : *Tout plaît dans les écrits de Saint François-de-Sales : l'esprit, la douceur, la sainteté. — Gaîté, doux exercice et modeste repas : voilà trois médecins qui ne vous tueront pas.*

309. 3° Avant une portion de phrase destinée à éclaircir ou à développer celle qui précède : *Il faut toujours veiller et prier : comment, en effet, pouvoir échapper autrement aux périls dont nous sommes entourés ?*

4° *Du point.*

310. Le point se met après toutes les phrases qui ont un sens indépendant de celles qui suivent, ou du moins qui ne se lient avec elles que par des rapports généraux : *Saint Louis, voyant les ennemis rangés sur le rivage, ne peut retenir son ardeur ; il tire son épée, et se jette à la nage. Les soldats l'imitent. Dans un instant la rive est envahie. Les Infidèles fuient de toutes parts.*

On fait encore usage du point toutes les fois que, par abréviation, on n'écrit que la première lettre ou quelques unes des premières lettres d'un mot : *subst.* pour *substantif, art.* pour *article, adj.* pour *adjectif, part.* pour *participe, conj.* pour *conjonction, inv.* pour *invariable, etc.*

5° *Des points suspensifs.*

311. On les emploie pour exprimer une suspension, une interruption subite dans l'expression de quelque grand sentiment de l'âme : *Il faudra mourir... Mourir!... moi!... et quand!... demain peut-être... Oh! si je pouvais!... Mais non, songeons plutôt à nous y préparer.*

6° *Du point interrogatif.*

312. Il se met à la fin d'une phrase où l'on interroge : *D'où viens-je? De Dieu. Où vais-je? A Dieu.*

7° *Du point exclamatif.*

313. Il termine les phrases qui expriment l'admiration, la terreur, la pitié, ou tout autre sentiment rendu avec quelque énergie :

Que le Seigneur est bon! que son joug est aimable!
Heureux qui, dès l'enfance, en connaît la douceur!

CHAPITRE QUATRIÈME.

DE L'ANALYSE.

314. Le mot *analyse* veut dire décomposition.

315. Dans l'analyse grammaticale, on s'occupe particulièrement des mots, et dans l'analyse logique, on s'occupe des pensées.

316. Analyser grammaticalement les mots d'une phrase, c'est en faire connaître la nature, l'espèce, les modifications et la fonction.

Faire connaître la nature d'un mot, c'est dire s'il est nom, article, adjectif, etc.

Faire connaître l'espèce d'un mot, c'est dire, pour un nom, s'il est propre ou commun; pour un article, s'il est simple ou composé; pour un adjectif, s'il est qualificatif ou déterminatif.

Faire connaître les modifications d'un mot, c'est désigner pour le nom, l'article et l'adjectif le genre et le nombre; pour le pronom, la personne; pour le verbe, la conjugaison, le mode, etc.

Faire connaître la fonction d'un mot, c'est dire le rôle qu'il remplit dans la phrase; par exemple, pour le nom, s'il est sujet ou complément; pour l'adjectif, s'il qualifie ou détermine tel ou tel nom, etc.

Ce qui vient d'être dit suffit pour faire comprendre que l'étude de l'analyse grammaticale doit suivre de point en point l'étude de la grammaire.

C'est pourquoi nous n'entrerons pas ici dans plus de détails : mais, dans le livre des exercices, on trouvera un petit sujet d'analyse correspondant à chaque numéro, et précédé, quand il sera utile, de quelques lignes explicatives.

ANALYSE LOGIQUE.

317. Si je pense que telle personne ou telle chose a ou n'a pas telle qualité, est ou n'est pas dans tel état, fait ou ne fait pas telle action, c'est un *jugement* que je forme en moi-même.

Si j'exprime de vive voix ou par écrit ce jugement intérieur, il devient une *proposition, Dieu est bon ; — Mentir est un vice; — Vous n'êtes pas malade :* voilà trois propositions par lesquelles j'attribue à Dieu l'idée de bonté, au mensonge l'idée du vice, à vous l'idée d'un état qui n'est pas celui de la maladie. Cette seconde idée que l'on attribue ainsi à la première, s'appelle son *attribut.*

318. Il y a dans une phrase autant de propositions qu'il y a de verbes à un mode personnel.

319. Toute proposition se compose de trois parties essentielles : Le sujet, le verbe et l'attribut.

1° Le *sujet*, c'est-à-dire la personne ou la chose sur laquelle on porte un jugement ; 2° la *qualité*, l'état où l'action qu'on lui attribue, et que l'on appelle pour cela même l'*attribut;* 3° enfin le *verbe* qui sert de lien entre le sujet et son attribut.

320. Le verbe qui lie l'attribut au sujet est toujours le verbe *être;* lors même qu'il n'est pas exprimé dans la proposition, il est renfermé dans un verbe adjectif exprimé ou sous-entendu. Dans ces propositions : *Je lis, l'eau coule*, c'est comme s'il y avait : *Je suis lisant*, *l'eau est coulant.*

321. Le sujet et l'attribut peuvent être ou *simples* ou *composés.* Le sujet est simple, s'il ne présente à l'esprit qu'un être ou qu'une classe d'êtres réunis dans une idée unique, par ex. : *La vertu.* — *Les hommes.* Au contraire, il est composé, s'il comprend plusieurs êtres qui supposent dans l'esprit plusieurs idées différentes ; par ex. : *La science et la piété.* — *Les anges et les hommes.* De même l'attribut est simple, s'il n'exprime qu'une seule qualité ou action du sujet ; par ex. : *La charité est douce;* il est composé, s'il en présente plusieurs ; par ex. : *L'orgueil est violent et jaloux.*

322. Le sujet et l'attribut peuvent encore être ou *incomplexes* ou *complexes.* Ils sont incomplexes, quand ils n'expriment qu'une idée sans modification quelconque, et ils sont complexes, quand l'idée est modifiée, déterminée par une autre idée accessoire. Dans cette proposition : *La gloire du monde est un bien peu solide*, *peu digne d'une âme chrétienne*, le sujet *la gloire* est complexe, à cause de son complément *du monde;* l'attribut *un bien* l'est également, à cause de ses deux compléments *peu solide, peu digne.*

323. On peut diviser les propositions en *principales* et en *subordonnées.*

324. La proposition *principale* est celle qui ne dépend d'aucune autre et qui exprime la principale idée. Par ex. : *Notre terre est fertile.*

La proposition *subordonnée* est toujours dépendante de l'un des termes d'une proposition principale. Par ex. : *La terre que nous cultivons est fertile*, la proposition *que nous cultivons* est une proposition *subordonnée*, elle dépend du mot *terre*, sujet de la proposition principale : *La terre est fertile.*

Les propositions *subordonnées* sont *déterminatives*, ou *explicatives*, ou *complétives* ou *circonstancielles*.

325. Considérée d'après l'énonciation des parties qui la composent, la proposition est *pleine*, *elliptique* ou *explétive* (1).

CHAPITRE CINQUIÈME.

GENRE DE QUELQUES NOMS.

Noms masculins.

Abîme.	Astérisque.	Évangile.
Accessoire.	Atome.	Éventail.
Acte.	Auspices.	Exemple.
Age.	Autel.	Exorde.
Albâtre.	Automate.	Girofle.
Amadou	Balustre.	Hémisphère.
Amalgame.	Centime.	Hiver.
Amidon	Cigare.	Horizon.
Anchois.	Concombre.	Horoscope.
Ane.	Décombres.	Hospice.
Angelus.	Éclair.	Hôtel.
Angle.	Éloge.	Indice.
Anis.	Émétique.	Incendie.
Antidote.	Emplâtre.	Intervalle.
Antipode.	Empois.	Inventaire.
Antre.	Épiderme.	Isthme.
Argent.	Équilibre.	Itinéraire.
Armistice.	Équinoxe.	Ivoire.
Arrosoir.	Érysipèle.	Légume.
Artifice.	Escalier.	Monticule.
Asile.	Étage.	Obélisque.

(1) Pour les exemples et les explications plus détaillées, voir le livre des Exercices.

Obstacle.	Orchestre.	Pleurs.
Office.	Organe.	Rebours.
Omnibus.	Orifice.	Rechange.
Ongle.	Ouvrage.	Simples.
Onguent.	Panache.	Ulcère.
Orage.	Paraphe.	Ustensile.
Oratoire.	Pétale.	Vivres.

Noms féminins

Aire.	Dinde.	Nacre.
Alarme.	Ébène.	Offre.
Alcôve.	Écritoire.	Oie.
Antichambre.	Équivoque.	Outre.
Argile.	Enclume.	Paroi.
Armoire.	Fibre.	Patère.
Arrhes.	Horloge.	Pédale.
Artère.	Hypothèque.	Quinine.
Atmosphère.	Idole.	Sandaraque
Caution.	Immondice.	Sentinelle.
Charpie.	Image.	Souris (animal).
Collation.	Insulte.	Vêpres.

CHAPITRE SIXIÈME.

LOCUTIONS VICIEUSES.

NE DITES PAS :	DITES :
Acculer ses souliers.	*Éculer* ses souliers.
Lieu *airé*.	Lieu *aéré*.
Angoises.	*Angoisses*.
Chat *angola*.	Chat *angora*.
Apparution.	*Apparition*.
Apprentive.	*Apprentie*.
Astérique.	*Astérisque*.
Une personne *asthme*.	Une personne *asthmatique*.
Au jour d'aujourd'hui.	*Aujourd'hui*.

NE DITES PAS :	DITES :
elsamine (fleur).	*Balsamine* (fleur).
cheter, vendre *bon marché*.	Acheter, vendre *à bon marché*.
enir *à bonne heure*.	Venir *de bonne heure*.
brouillasse.	Il *bruine*.
alvi (pomme de).	*Calville* (pomme de).
aneçon.	*Caleçon*.
ataplâme.	*Cataplasme*.
astonnade.	*Cassonnade*.
astrole.	*Casserole*.
ise *casuel*.	Vase *fragile*.
ercifis.	*Salsifis*.
entaure (voix de).	*Stentor* (voix de).
hirugien.	*Chirurgien*.
ontrevention.	*Contravention*.
orporence.	*Corpulence*.
ocaphonie.	*Cacophonie*.
onsonne (meuble).	*Console* (meuble).
olidor.	*Corridor*.
ouétil.	*Coutil*.
oupeaux.	*Copeaux*.
e *combien* du mois.	Le *quantième* du mois.
ans ce moment ici.	*Dans ce moment-ci*.
écommander.	*Contremander*.
e lui en défie.	*Je l'en défie*.
ésagrafer.	*Dégrafer*.
emander excuse.	*Faire des excuses*.
eux et deux sont quatre.	*Deux et deux font quatre*.
ette étoffe *déteint*.	Cette étoffe *se déteint*.
n *définitif*.	En *définitive*.
ne *décesse* de parler.	Il ne *cesse* de parler.
épersuader.	*Dissuader*.
isgression.	*Digression*.
isparution.	*Disparition*.
ivination.	*Devination*.
lexir.	*Élixir*.

NE DITES PAS :	DITES :
Échanger du linge.	*Essanger.*
Échaffourée.	*Échauffourée.*
Mauvaise *édification.*	Mauvais *exemple.*
Écarrure.	*Carrure.*
Enflammation.	*Inflammation.*
En outre de cela.	*Outre cela.*
Embrouillamini.	*Brouillamini.*
Esquilancie.	*Esquinancie.*
J'ai *très* faim.	J'ai *très-grand'* faim.
Cet homme est *farce.*	Cet homme est *farceur.*
Franchipane.	*Frangipane.*
Un homme *fortuné.*	Un homme *riche.*
Gaudron.	*Goudron.*
Gigier.	*Gésier.*
Hémorragie de sang.	*Hémorragie.*
Une *heure de temps.*	Une *heure.*
Faute d'*inattention.*	Faute d'*attention.*
Invectiver quelqu'un.	*Invectiver contre* quelqu'un.
Jeu d'eau.	*Jet d'eau.*
Jouir d'une mauvaise santé.	*Avoir* une mauvaise santé.
Linceuil.	*Linceul.*
Mairerie.	*Mairie.*
Matéraux.	*Matériaux.*
Humeur *massacrante.*	Humeur *insupportable.*
Mésentendu.	*Malentendu.*
Air *minable.*	Air *misérable.*
Midi *précise.*	Midi *précis.*
Minuteries.	*Minuties.*
Moucles (coquillages).	*Moules* (coquillages).
Nentilles.	*Lentilles.*
Palfermier.	*Palefrenier.*
Panégérique.	*Panégyrique.*
Pantomine.	*Pantomime.*
Rue *passagère.*	Rue *fréquentée.*
Passer contre quelqu'un.	*Passer près de* quelqu'un.
Personne *perclue.*	Personne *percluse.*

NE DITES PAS :	DITES :
Un petit peu.	*Un peu.*
Tant pire.	*Tant pis.*
Rancuneur.	*Rancunier.*
A la rebours.	*Au rebours.*
Revange.	*Revanche.*
Il a recouvert la vue.	*Il a recouvré* la vue.
Air *rébarbaratif.*	Air *rébarbatif.*
Rebiffade.	*Rebuffade.*
Avoir mal réussi.	*N'avoir pas réussi.*
Rimoulade.	*Rémolade.*
Réprimandable.	*Répréhensible.*
Secoupe.	*Soucoupe.*
Semouille.	*Semoule.*
Serment de vigne.	*Sarment* de vigne.
Soubriquet.	*Sobriquet.*
Soupoudrer.	*Saupoudrer.*
Tête d'oreiller.	*Taie* d'oreiller.
Transvider.	*Transvaser.*
Trésauriser.	*Thésauriser.*
Perdre la *trémontade.*	Perdre la *tramontane.*
Une fois pour *tout.*	Une fois pour *toutes.*
Vessicatoire.	*Vésicatoire* (1).

(1) Voir pour les homonymes à la fin des exercices orthographiques.

QUESTIONNAIRE.

INTRODUCTION.

1. Qu'est-ce que la Grammaire ?

2. De quoi se sert-on pour exprimer ses pensées ? — Qu'est-ce que les mots ?

3. De quoi se sert-on pour représenter les mots ? — Combien l'alphabet français contient-il de lettres ? — Quelles sont les voyelles ? — Pourquoi ces lettres sont-elles appelées voyelles ? — Combien y a-t-il de sortes d'*e* ? — Donnez un exemple de voyelle longue et un de voyelle brève ? — Nommez les 19 consonnes ? — Pourquoi sont-elles appelées consonnes ? — Quand la consonne *h* est-elle muette ? — Quand est-elle aspirée ?

4. Qu'appelle-t-on syllabe ? — Qu'appelle-t-on diphtongue ? — Qu'est-ce qu'un monosyllabe et un polysyllabe ?

5. Combien y a-t-il de sortes de mots ? — Quels sont les mots variables ? — Les mots invariables ?

Du nom.

6. Qu'est-ce que le nom ? — Donnez des exemples de noms (1) ?

7. Combien y a-t-il de sortes de noms ?

8. Qu'est-ce que le nom commun ?

9. Qu'est-ce que le nom propre ?

10. Combien les noms ont-ils de propriétés ? ou : Que distingue-t-on dans les noms ?

---

(1) Les élèves doivent ainsi donner des exemples après l'explication de chaque règle ; mais il serait inutile de répéter ici cette demande après toutes les questions.

11. Qu'est-ce que le genre? — Combien y a-t-il de genres?

12. Quand est-ce qu'un nom est du genre masculin? — Quand est-ce qu'il est du genre féminin? — Comment reconnaît-on qu'un nom est du masculin? — du féminin?

13. Qu'est-ce que le nombre? — Combien y a-t-il de nombres?

14. Quand est-ce qu'un nom est du singulier? — du pluriel?

15. N'y a-t-il pas des noms qui, quoique au singulier, désignent plusieurs personnes ou plusieurs choses? — Comment les appelle-t-on?

16. En quoi le pluriel diffère-t-il généralement du singulier?

17. Cette règle est-elle sans exception? — Comment font, au pluriel, les noms terminés au singulier par *s*, *x* ou *z*? — les noms terminés en *au* ou en *eu*? — Comment se forme généralement le pluriel des noms en *ou*? — N'y a-t-il pas cependant quelques uns des noms en *ou* qui prennent *x* au pluriel? — Quels sont les noms en *al* qui suivent, au pluriel, la règle générale? — Comment les autres font-ils au pluriel? — Comment se forme plus généralement le pluriel des noms en *ail*? — Lesquels font leur pluriel en *aux*? — Quels sont les noms en *ant* et en *ent* dans lesquels on ne peut supprimer le *t* au pluriel?

De l'Article.

18. Qu'est-ce que l'article?

19. Devant quels noms met-on *le*? — *la*? — *les*?

20. Devant les noms masculins ou féminins qui commencent par une voyelle ou une *h* muette, met-on aussi *le* ou *la*? — Comment s'appelle le retranchement de *e* ou de *a* dans l'article?

21. Comment dit-on, quand *le* ou *les* sont précédés de *à*?

22. Comment dit-on, quand *le* ou *les* sont précédés par *de*?

23. Quels mots appelle-t-on articles simples? — articles composés?

De l'Adjectif.

24. Qu'est-ce que l'adjectif?

25. L'adjectif change-t-il de genre et de nombre?

26. Comment se forme généralement le féminin dans les adjectifs? — Cette règle est-elle sans exception? — Comment se forme

le féminin quand le masculin est lui-même terminé par un *e* muet? — Comment se forme-t-il dans les adjectifs terminés au masculin par *el*, *eil*, *ien*, *on*? — Dans les adjectifs en *et*? — Dites le féminin des adjectifs *complet*, *concret*, etc.? — N'y a-t-il pas d'autres adjectifs qui doublent leur consonne finale avant de prendre l'*e* muet? — Comment se forme le féminin des adjectifs terminés au masculin par *f* ou par *x*? — Dites le féminin des adjectifs *doux*, *faux*, etc. (1).

27. Comment se forme généralement le pluriel des adjectifs? — Cette règle est-elle sans exception? — Comment font au pluriel masculin les adjectifs en *s* ou en *x*? — les adjectifs en *eau*? — les adjectifs en *al*? — les adjectifs en *ant* ou en *ent*?

28. Combien y a-t-il de sortes d'adjectifs?

29. Qu'est-ce que l'adjectif qualificatif?

30. Combien l'adjectif qualificatif a-t-il de degrés de signification? — Qu'est-ce que le positif? — le comparatif? — le superlatif?

31. Qu'est-ce que l'adjectif déterminatif? — Combien y a-t-il de sortes d'adjectifs déterminatifs?

32. Qu'est-ce que l'adjectif démonstratif? — Nommez ces adjectifs? — Dans quel cas emploie-t-on *ce*? — *cet*? — *cette*? — *ces*?

33. Qu'est-ce que l'adjectif possessif?

34. Nommez les adjectifs possessifs? — Devant quels noms met-on *mon, ton, son*? — *ma, ta, sa*? — *notre*, *votre*, *leur*? — *mes*, *tes*, *ses*, *nos*, *vos*, *leurs*?

35. Qu'est-ce que l'adjectif numéral?

36. Combien y a-t-il de sortes d'adjectifs numéraux?

37. Qu'est-ce que l'adjectif indéfini?

38. Quels sont les adjectifs indéfinis les plus ordinaires?

Du Pronom.

39. Qu'est-ce que le pronom?

40. Combien y a-t-il de sortes de pronoms? — Nommez-les?

41. Qu'est-ce que le pronom personnel? — Combien distingue-t-on de personnes?

---

(1) La maîtresse demande ainsi le féminin de tous les adjectifs dont il est parlé dans la grammaire, jusqu'au N° 27.

42. Quels sont les pronoms de la première personne? — Servent-ils tous pour les deux genres? — Quels sont les pronoms de la seconde personne? — Servent-ils aussi pour les deux genres? — Quels sont les pronoms de la troisième personne?

43. Qu'est-ce que le pronom démonstratif?

44. Quels sont ceux de ces pronoms qui ne servent qu'au masculin? — au féminin? — pour les deux genres?

45. Qu'est-ce que le pronom possessif?

46. Quels sont ceux de ces pronoms qui s'emploient pour le masculin? — pour le féminin?

47. Qu'est-ce que le pronom relatif?

48. Quels sont les principaux pronoms relatifs?

49. Qu'est-ce que le pronom indéfini?

50. Quels sont les pronoms indéfinis les plus ordinaires?

Du Verbe.

51. Qu'est-ce que le verbe? — Quand est-ce qu'on le nomme verbe substantif? — verbe adjectif?

52. Combien y a-t-il de verbes substantifs? — Comment nomme-t-on tous les autres verbes, et pourquoi sont-ils ainsi appelés?

53. Qu'est-ce que le sujet d'un verbe? — Comment reconnaît-on le sujet d'un verbe?

54. Qu'appelle-t-on complément d'un verbe?

55. Combien y a-t-il de sortes de compléments? — Qu'est-ce que le complément direct? — le complément indirect? — Comment reconnaît-on le complément direct? — le complément indirect?

56. Combien distingue-t-on de sortes de verbes adjectifs? — Nommez-les?

57. Quand est-ce que le verbe est actif?

58. Quand est-ce que le verbe est passif?

59. En quoi le verbe neutre ressemble-t-il au verbe actif, et en quoi en diffère-t-il?

60. Qu'appelle-t-on verbe pronominal? — Qu'appelle-t-on verbe essentiellement pronominal? — Verbe accidentellement pronominal?

61. Qu'est-ce que le verbe impersonnel? — Qu'appelle-t-on verbe essentiellement impersonnel? — Verbe accidentellement impersonnel?

62. Quel nom particulier donne-t-on au verbe *avoir* et au verbe *être*?

63. Que signifie le mot mode? — Combien un verbe a-t-il de modes? — Nommez-les? — Comment un verbe exprime-t-il l'action ou l'état à l'infinitif? — à l'indicatif? — au conditionnel? — à l'impératif? — au subjonctif? — Quel mode appelle-t-on impersonnel? — Comment appelle-t-on les quatre autres?

64. Dans quel mode se trouve le participe? — Pourquoi est-il ainsi appelé? — Combien y a-t-il de sortes de participes? — Qu'exprime le participe présent? — le participe passé?

65. Les verbes ont-ils un ou plusieurs temps à chacun de leurs cinq modes? — Qu'exprime le présent? — Y a-t-il plusieurs présents?

66. Qu'exprime le passé? — Peut-il y avoir plusieurs passés? — Quels sont les temps passés? — Qu'exprime le passé indéterminé? — le passé déterminé? — le passé antérieur? — l'imparfait? — le plus-que-parfait?

67. Qu'exprime le futur? — Combien distingue-t-on de futurs? — Qu'exprime le futur simple? — le futur antérieur?

68. Comment divise-t-on les temps des verbes? — Qu'appelle-t-on temps simples? — temps composés?

69. Qu'est-ce qu'on appelle conjuguer un verbe?

70. Qu'appelle-t-on verbes réguliers?

71. Qu'est-ce qu'il faut connaître pour conjuguer un verbe? — De quoi se compose le radical? — la terminaison?

72. Combien chaque verbe, dans son origine, a-t-il de radicaux? — Combien en a-t-il dans sa conjugaison? — Comment appelle-t-on les temps sur lesquels les autres se forment? — Quels sont ces temps? — Comment appelle-t-on les temps qui empruntent leurs radicaux aux temps primitifs?

73. Comment obtient-on le radical de chacun des temps primitifs?

74. A quels temps passe le radical du présent de l'infinitif? — celui du participe présent? — celui de la première personne du présent de l'indicatif? — celui du passé déterminé? — Le participe passé sert-il à former d'autres temps? — Lesquels?

75. Combien distingue-t-on de conjugaisons? — Quelle est la terminaison de chacune? — Que remarquez-vous à la troisième personne du pluriel du passé déterminé dans les verbes de la première conjugaison? — Que remarquez-vous dans la conjugaison des verbes en *euillir, vrir, frir*? A la seconde personne

du singulier de l'impératif? — Quand ajoute-t-on *s* à cette personne?

76. Comment s'accorde le verbe? — Quel nombre prend un verbe qui a pour sujet plusieurs singuliers?

77. Comment se conjuguent les verbes passifs?

78. Comment se conjuguent les verbes neutres?

79. Comment se conjuguent les verbes pronominaux? — Qu'y a-t-il à remarquer sur le verbe *être* employé comme auxiliaire dans la conjugaison de ces verbes?

80. Comment se conjuguent les verbes impersonnels?

81. Qu'y a-t-il à remarquer au futur simple et au présent du conditionnel dans les verbes de la première conjugaison? — aux deux premières personnes du pluriel de l'imparfait de l'indicatif et du présent du subjonctif dans les verbes terminés en *iant* et *yant* au participe présent? — Dans les verbes en *yer*? — en *ger*? — en *cer*? — Dans les verbes dont la syllabe finale de l'infinitif est précédée d'un *e* muet ou d'un *é* fermé? — les verbes en *eler* et en *eter* suivent-ils cette règle?

82. Que remarquez-vous sur le verbe *haïr*? — sur le participe passé du verbe *bénir*? — sur le verbe *fleurir*?

83. Qu'y a-t-il à remarquer sur les verbes en *evoir*? — sur les verbes *pouvoir*, *vouloir*, *valoir*? — sur les verbes *devoir*, *redevoir*, *mouvoir*?

84. Que remarquez-vous sur les verbes en *indre* et en *soudre*?

85. Quelle place occupe le pronom personnel sujet du verbe, dans les verbes employés interrogativement? — Dans quel cas met-on un *t* entre le verbe interrogatif et son sujet?—Que doit-on faire quand le verbe est terminé par un *e* muet et suivi du pronom *je*? — Emploie-t-on interrogativement à la première personne du singulier du présent de l'indicatif les verbes qui n'ont qu'une syllabe?

86. Qu'appelle-t-on verbes irréguliers? — verbes défectifs? —

Des mots invariables.

87. Qu'est-ce que l'adverbe?

88. Qu'appelle-t-on locution adverbiale?

89. Qu'est-ce que la préposition?
90. Qu'appelle-t-on locution prépositive?
91. Qu'est-ce que la conjonction?
92. Qu'appelle-t-on locution conjonctive?
93. Qu'est-ce que l'interjection?
94. Qu'appelle-t-on locution interjective?

SECONDE PARTIE.

95. Qu'appelle-t-on syntaxe?

Du Nom.

96-105. De quel genre sont les noms *aide*? *aigle*? *amour*? *délice*? *orgue*? *vapeur*? *couple*? *trompette*? *enseigne*? *orge*? *foudre*? *hymne*? *enfant*? — A quel genre se mettent les adjectifs qui se rapportent à *auteur*, *poète*, *témoin*?

106. De quel genre est *quelque chose*?

107. De quel genre est le mot *personne*?

108. A quel genre le mot *gens* veut-il ses adjectifs ou ses participes? — Quelles sont les exceptions à cette règle par rapport à l'adjectif *tout*?

109. N'y a-t-il pas des noms qui ne s'emploient qu'au singulier et d'autres, qu'au pluriel?

110. Les noms propres prennent-ils la marque du pluriel?

111. Nommez quelques uns des noms empruntés à des langues étrangères qui prennent la marque du pluriel, et quelques autres qui ne la prennent pas.

112. Les mots invariables, employés comme noms, prennent-ils la marque du pluriel?

113. Comment font au pluriel les mots *ciel*? — *œil*? — *aïeul*?

114. Quels mots prennent la marque du pluriel dans les noms composés? — Quels mots ne la prennent jamais?

115. N'y a-t-il pas des cas où, quoique le nom composé soit au pluriel, un nom qui en fait partie doit rester au singulier? — N'y

a-t-il pas d'autres cas où, quoique le nom composé soit au singulier, un nom qui en fait partie doit être mis au pluriel?

116. Quand les deux noms qui forment un nom composé sont unis par une préposition, lequel de ces deux noms prend la marque du pluriel?

117. Quand deux noms sont réunis par une préposition, de manière à former en quelque sorte un nom composé, à quel nombre met-on le second de ces noms?

De l'Article.

118. Devant quels noms s'emploie l'article?

119. Est-il mieux de répéter l'article devant chaque nom?

120. Dans quels cas doit-on répéter l'article devant les adjectifs?

121. Dans quels cas supprime-t-on l'article devant les noms?

122. Quand emploie-t-on l'article devant un nom précédé d'un adjectif?

123. Dans quels cas emploie-t-on *le, la, les* devant *plus, mieux, moins*? — Dans quels cas *le* doit-il rester invariable devant ces mêmes mots?

De l'Adjectif.

124. Comment s'accorde l'adjectif?

125. Si un adjectif qualifie à la fois deux noms ou deux pronoms, prend-il la marque du pluriel? — Quel genre prend l'adjectif, si ces noms ou ces pronoms sont de différents genres?

126. Un nom qualifié par deux adjectifs doit-il se mettre au pluriel?

127. Est-il nécessaire que l'adjectif se rapporte sans équivoque à un nom ou à un pronom exprimé dans la phrase?

128. L'adjectif se met-il toujours au pluriel, lorsqu'il se rapporte aux pronoms *nous* et *vous*?

129. Lorsqu'un adjectif suit deux noms unis par la préposition *de*, avec lequel de ces noms doit-il s'accorder?

130. Dans quel cas *nu*, *demi*, etc., restent-ils invariables? — Dans quel cas s'accordent-ils? — Qu'y a-t-il à remarquer sur le mot *demi*? — Dans quels cas *ci-inclus*, *ci-joint* sont-ils invariables? — Dans quel cas l'adjectif *feu* s'accorde-t-il?

131. Qu'y a-t-il à remarquer sur l'accord des adjectifs composés?

132. Un adjectif pris adverbialement reste-t-il invariable?

133. Dans quels cas un adjectif, placé à la suite de deux noms auxquels il se rapporte également, ne s'accorde-t-il qu'avec le dernier?

134. Peut-on appliquer aux personnes les adjectifs qui ne conviennent qu'aux choses? — et aux choses ceux qui ne conviennent qu'aux personnes?

135. N'y a-t-il pas des adjectifs qui changent de signification, suivant qu'ils sont placés avant ou après le nom?

136. Dans quel cas les adjectifs possessifs doivent-ils être remplacés par l'article? — Y a-t-il quelque exception à cette règle?

137. Les adjectifs possessifs se mettent-ils toujours au pluriel, lorsqu'il y a plusieurs possesseurs et plusieurs objets possédés?

138. Qu'y a-t-il à remarquer sur l'emploi des adjectifs possessifs *son*, *sa*, *ses*, *leur*, *leurs*?

139. Dans quel cas *vingt* et *cent* prennent-ils la marque du pluriel?

140. Quand écrit-on *mil* au lieu de *mille*?

141. Peut-on employer indifféremment *second* ou *deuxième*?

142. *Nul*, *aucun* prennent-ils la marque du pluriel?

143. Dans quels cas le mot *même* est-il adjectif? — Dans quels cas est-il adverbe?

144. Comment s'écrit le mot *quelque* quand il est suivi d'un verbe? — d'un nom ou d'un pronom? — d'un qualificatif? — N'y a-t-il pas une exception à cette dernière règle?

145. Quand le mot *tout* est-il adjectif? — adverbe? — Dans ce dernier sens est-il toujours invariable?

146. *Chaque* et *chacun* peuvent-ils s'employer l'un pour l'autre?

Du Pronom.

147. Comment s'accordent les pronoms?

148. Que faut-il éviter dans l'emploi des pronoms?

149. Les pronoms peuvent-ils remplacer les noms pris dans un sens indéterminé?

150. Quelle place occupent, dans une phrase, les pronoms personnels employés comme sujets?

151. Quelle place occupent ces mêmes pronoms employés comme compléments?

152. En quels cas faut-il répéter les pronoms personnels employés comme sujets ou comme compléments ?

153. Qu'y a-t-il à remarquer sur l'emploi du pronom *soi* ?

154. Qu'y a-t-il à remarquer sur l'emploi des pronoms *lui, eux, elle, elles, leur, en, y*, comme compléments indirects?

155. Dans quels cas emploie-t-on *le, la, les*? — Dans quel cas emploie-t-on *le*?

156. Quelle différence y a-t-il entre *leur*, pronom personnel, et *leur* adjectif ou pronom possessif ?

157. A la place de quels pronoms personnels peut s'employer le pronom *ce* ?

158. Dans quel cas le pronom *ce* doit-il se répéter devant le verbe être?

159. Quel doit être le nombre du verbe *être* après le pronom *ce* ?

160. Quelle différence y a-t-il entre *ceci* et *cela, celui-ci* et *celui-là* ?

161. Le pronom possessif doit-il toujours se rapporter à un nom énoncé précédemment ?

162. *Le mien, le tien*, etc., sont-ils quelquefois employés comme noms ?

163. Comment s'accordent les pronoms relatifs ?

164. Qu'y a-t-il à remarquer sur l'emploi du pronom *qui* comme complément indirect ?

165. Peut-on employer le pronom *dont* pour l'adverbe *d'où*?

166. Que faut-il éviter dans l'emploi des pronoms relatifs ?

167. De quel genre est le pronom indéfini *on*? — *On* et *l'on* peuvent-ils s'employer indistinctement ?

168. Dans quels cas *chacun* veut-il *son, sa, ses?* — Dans quels cas veut-il *leur, leurs* ?

169. Quelle différence y a-t-il entre *l'un et l'autre* et *l'un l'autre*?

Du Verbe.

170. Tout verbe doit-il avoir un sujet, et tout sujet doit-il avoir un verbe?

171. En quel cas peut-on répéter le sujet ?

172. Quelle est la principale règle de l'accord du verbe?

173. A quel nombre doit être mis le verbe, quand son sujet est

composé de plusieurs noms ou de plusieurs pronoms? — Dans quels cas le verbe reste-t-il au singulier quand il y a un sujet composé de plusieurs noms ou de plusieurs pronoms ?

174. A quelle personne se met un verbe qui a pour sujet des noms ou des pronoms de différentes personnes ?

175. Quand un verbe a pour sujet deux noms ou deux pronoms unis par *comme*, *de même que*, *ainsi que*, etc., comment s'accorde-t-il ?

176. Comment s'accorde un verbe qui a pour sujet *l'un et l'autre*? — *ni l'un ni l'autre* ou autres mots joints par la conjonction *ni*?

177. Quelle distinction y a-t-il à faire quand le sujet d'un verbe est un collectif? — Quelle différence y a-t-il ordinairement entre le collectif général et le collectif partitif? — A quoi reconnaît-on le collectif partitif? — Comment s'accorde le verbe quand le collectif est général? — quand il est partitif?

178. Comment s'accorde le verbe quand le sujet est sous-entendu ?

179. Les mots *mon peu de*, *ton peu de*, etc., ne peuvent-ils pas offrir deux sens différents? — Comment s'accorde un verbe précédé de *le peu* ?

180. Un verbe peut-il avoir deux compléments directs différents?

181. Un verbe peut-il avoir deux compléments indirects pour exprimer le même rapport ?

182. Le même mot peut-il servir de complément à plusieurs verbes? — Cette règle ne s'applique-t-elle pas aux adjectifs et aux prépositions ?

183. Quelle place doivent occuper dans la phrase les compléments du verbe ?

184. Quand le verbe *avoir* et le verbe *être* sont-ils appelés auxiliaires ? — Quel auxiliaire emploie-t-on généralement pour exprimer l'action? — pour exprimer l'état ?

185-86. Avec quel auxiliaire se conjuguent les verbes actifs? — les verbes neutres?

187. N'y a-t-il pas des verbes neutres qui prennent l'un et l'autre auxiliaire?

188. N'y a-t-il pas des verbes neutres qui changent de signification en changeant d'auxiliaire ?

189. Que signifie *convenir* conjugué avec *avoir*? — avec *être*?

190. Que signifie *expirer* conjugué avec *avoir*? — avec *être*?

191. Comment l'infinitif peut-il être employé ?

192. Nommez quelques verbes qui demandent la préposition *à* devant les infinitifs qui leur servent de compléments? — Nommez-en quelques autres qui demandent *de*? — Enfin quelques autres qui ne demandent aucune préposition?

193. Peut-on employer plusieurs infinitifs de suite ?

194. Le présent s'emploie-t-il quelquefois à la place du passé?

195. Dans quel cas peut-on employer indifféremment le passé indéterminé ou le passé déterminé? — Dans quel autre cas ne le peut-on pas ?

196. Quand doit-on employer l'imparfait ? — Peut-on s'en servir pour exprimer une action ou un état qui dure encore ?

197. Quand faut-il employer le plus-que-parfait ? — De quel temps se servirait-on pour exprimer un temps simplement passé ?

198. Quand faut-il employer le conditionnel?

199. Quels sont les différents cas dans lesquels on emploie le subjonctif?

200. Quand le premier verbe est au présent de l'indicatif ou au futur, à quel temps du subjonctif se met le second? — N'y a-t-il pas une exception à cette première règle? — Si le premier verbe est à tout autre temps qu'au présent ou au futur, à quel temps du subjonctif se met le second ? — N'y a-t-il pas une exception à cette seconde règle ?

201-202. Quelle différence y a-t-il entre le participe présent et l'adjectif verbal?

203. Qu'y a-t-il à remarquer sur les mots *intrigant*, *fatigant*, *extravagant ?*

204. Comment s'accorde le participe passé employé sans auxiliaire?

205. A combien se réduisent les règles du participe passé employé avec auxiliaire?

206. Quelle règle suit le participe passé accompagné de l'auxiliaire *être*?

207. Quelle règle suit le participe passé accompagné de l'auxiliaire *avoir*?— Qu'y -a-t-il à remarquer sur les participes des verbes neutres? — des verbes accidentellement pronominaux? — essentiellement

pronominaux? — sur les participes des verbes *douter, prévaloir, échapper*? — sur les participes suivis d'un infinitif? — sur le participe du verbe *faire* suivi d'un infinitif? — sur les participes placés entre deux *que*? — sur les participes ayant pour complément direct un membre de phrase sous-entendu? — sur les participes des verbes impersonnels? — sur les participes ayant pour complément direct *l'* représentant un membre de phrase?

208. Comment s'accorde le participe précédé de *le peu?*

209. Comment s'accorde le participe précédé du pronom *en?*

210. Comment s'accorde le participe précédé du collectif *combien*?

De l'Adverbe.

211. Qu'y a-t-il à remarquer sur les adverbes *dedans, dehors, dessus, dessous*? — Ne peuvent-ils pas, en certains cas, avoir un complément?

212. Qu'y a-t-il à remarquer sur les adverbes *alentour* et *auparavant*, comparés aux prépositions *autour* et *avant*?

213-14. Quelle différence y a-t-il entre *davantage* et *plus*?

215. Quelle différence y a-t-il entre *plus tôt* et *plutôt*?

216. Qu'y a-t-il à observer dans l'emploi de l'adverbe *aussitôt*?

217. Quelle différence y a-t-il entre *de suite* et *tout de suite*?

218. Quelle différence y a-t-il entre *tout-à-coup* et *tout d'un coup*?

219. Qu'expriment *aussi* et *autant*? — *si* et *tant*? — Dans quel cas emploie-t-on *si* pour *aussi* et *tant* pour *autant*?

220. Dans quel cas doit-on supprimer *pas* et *point*? — Dans quel cas *ne point* a-t-il un sens différent de *ne pas*?

221. Dans quel cas les mots *autre, autrement*, etc., demandent-ils que le verbe suivant soit accompagné de *ne?*

222. Emploie-t-on *ne* après le verbe *empêcher*?

223. Quand doit-on employer la négation après les verbes *douter* et *désespérer*?

224. Emploie-t-on *ne* après *nier* et *disconvenir*?

225. Emploie-t-on *ne* après le verbe *défendre*?

226. Doit-on employer *ne* après *sans que* et *avant que*?

De la Préposition.

227. *Au travers* et *à travers* veulent-ils également la préposition *de*?

228. *Près de* et *prêt à* ont-ils la même signification?

229. *Vis-à-vis* peut-il s'employer à la place de *envers, à l'égard de*?

230. Quelle différence y a-t-il entre *voici* et *voilà*?

231. Quelles sont les prépositions qui se répètent ordinairement avant chaque complément? — Quand les autres doivent-elles se répéter?

De la Conjonction.

232. Quand emploie-t-on la conjonction *et*? — la conjonction *ni*?

233. La conjonction *ni* peut-elle remplacer *sans*?

234. *Plus*, *mieux*, *moins*, *autant*, placés au commencement de deux membres d'une même phrase, doivent-ils être unis par *et*?

235-37. Quelle différence y a-t-il entre *parce que* et *par ce que*? — entre *quoique* et *quoi que*? — entre *quand* et *quant*?

238. Quelles sont les différentes acceptions de la conjonction *que*?

De l'Interjection.

239-41. Quelle différence y a-t-il entre *ah!* et *ha!*? — entre *eh!* et *hé!*? — entre *oh!* et *ho!*?

242. Dans quel cas emploie-t-on *ô*?

Remarques particulières.

243-48. Quelle différence y a-t-il entre *c'est à vous à* et *c'est à vous de*? — entre *trois à quatre* et *trois ou quatre*? — entre *il a été* et *il est allé*? — entre *aider à quelqu'un* et *aider quelqu'un*? — entre *anoblir* et *ennoblir*? — entre *atteindre à* et *atteindre*?

249. Qu'y a-t-il à remarquer sur l'accord de l'adjectif placé après les mots *avoir l'air*?

250. Que signifie *capable*? — *susceptible*?

251-52. Quelle différence y a-t-il entre *colorer* et *colorier*? — entre *conjonctures* et *conjectures*?

253. Dans quel cas emploie-t-on l'adjectif *conséquent*?

254-60. Quelle différence y a-t-il entre *consommer* et *consumer*? — entre *déjeûner avec* et *déjeûner de*? — entre *éminent* et *imminent*? — entre *éruption* et *irruption*? — entre *éviter* et *épargner*? — entre *ne faire que* et *ne faire que de*? — entre *imposer* et *en imposer*?

261. Dans quel cas s'emploient *indigne* et *digne* avec négation ?

262-63. Quelle différence y a-t-il entre *infecter* et *infester*? — entre *mêler avec* et *mêler à*?

264. Comment doit-on employer *observer, faire une observation*?

265-67. Quelle différence y a-t-il entre *ce qui plaît* et *ce qu'il plaît*? — entre *plier* et *ployer* ? — entre *pire* et *pis*?

268. *Se souvenir* et *se rappeler* veulent-ils *de* devant leur complément?

269. Quelle différence y a-t-il entre *suppléer une chose* et *suppléer à une chose* ?

270. Qu'y a-t-il à remarquer sur la locution *à témoin* et sur le mot *témoin* au commencement d'une phrase.

271-72. Quelle différence y a-t-il entre *par terre* et *à terre* ? — entre *tous les deux* et *tous deux* ?

273. Quel nombre prend le verbe après *un de, un des*?

274. *Venimeux* et *vénéneux* s'emploient-ils dans le même cas?

TROISIÈME PARTIE.

275. Qu'est-ce que l'orthographe ?

276. Combien peut-on distinguer de sortes de lettres? — Qu'est-ce que les lettres qu'on peut appeler de règle? — Qu'est-ce que les lettres qu'on peut appeler d'usage.

277. Les mots primitifs n'indiquent-ils pas ordinairement l'orthographe de leurs dérivés? — Comment s'écrivent les noms dont le son final est *au*? — ceux dont la prononciation se termine par *ention* ou *ension* ? — Quels noms s'écrivent par *xion* ? — Comment s'écrivent les autres noms ayant le même son final ? — ceux dont la finale a le son *eur* ? — Dans quels mots les consonnes *b*, *c*, *d*, *g* , *f*, *l*, *m*, *n*, *r*, se doublent-elles? — Dans quels cas les consonnes ne se doublent-elles pas ?

278. Comment distingue-t-on encore les lettres? — Qu'appelle-t-on majuscules ? — minuscules? — Dans quels différents cas doit-on employer les majuscules ?

Des signes orthographiques.

279. Quels sont les principaux signes orthographiques?

280. Combien y a-t-il de sortes d'accents?

281. Quand emploie-t-on l'accent aigu?

282. Quand emploie-t-on l'accent grave?

283. Qu'exprime généralement l'accent circonflexe? — Quels sont les différents mots qui demandent cet accent?

284-87. Que marque l'apostrophe? — Dans quels cas l'emploie-t-on?

288. Quand emploie-t-on la cédille?

289. Dans quel cas emploie-t-on le tréma?

290. Y peut-il être remplacé par un ï?

291-97. A quoi sert le trait-d'union? — Dans quel cas l'emploie-t-on?

298. A quoi sert le tiret?

299 Quel est l'usage de la parenthèse?

300. Où se placent les guillemets?

De la Ponctuation.

301. A quoi sert la ponctuation?

302. Quels sont les signes de la ponctuation?

303-313. Dans quels cas emploie-t-on la virgule? — le point-virgule? — les deux points? — le point? — les points suspensifs? — le point interrogatif? — le point exclamatif?

314. Que veut dire le mot analyse?

315. De quoi s'occupe-t-on dans l'analyse grammaticale? — Dans l'analyse logique?

FIN.

TABLE DES MATIÈRES

PAR ORDRE ALPHABÉTIQUE.

Nantes, imprimerie de Vincent Forest, place du Commerce, 1.

www.ingramcontent.com/pod-product-compliance
Ingram Content Group UK Ltd.
Pitfield, Milton Keynes, MK11 3LW, UK
UKHW020339230726
13925UKWH00003B/876

9 782014 447613